# academia

## weekly planner
### hourly timeline : monday start

designed by
rebecca wright

WRIGHT PLANNER COMPANY

## academia

## WRIGHT PLANNER COMPANY
© 2018 Wright Type, LLC

## MADE IN THE USA | UK | AUSTRALIA

Archistico font by Emilie Rollandin

Please note that every effort was made to ensure the information in this planner is accurate.
If something was missed during the editing process, future versions will be updated.

**www.wrightplannerco.com**

# table of contents

## IF FOUND PLEASE RETURN TO

name _____

phone _____

reward _____

IN CASE OF AN EMERGENCY SEE PAGE 5

# PLANNER LAYOUT

## MONTHLY

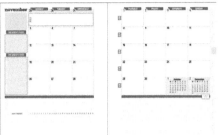

**Inspiration Blue Box**
Write an awesome quote or glue a favoite picture

**Monthly Focus Box**

**Personal Goals Boxes**
Keep yourself healthy by making mental, physical, and spiritual goals

**Checklist/Note Areas**

**Habit Tracking**
Develop good habits or quit bad ones

**NEW! Monthly page tabs**

**Week Numbers**

**Full-sized Day Boxes**
(A few months don't fit the 5x7 grid - this planner has been designed to give each day a full box so the Note Area will be invaded by a day box when needed.)

**Thumbnail Border Months**

**Note Boxes in extra space**

**Workspace Grid**

## WEEKLY

**Thumbnail Month**

**Top Priority Boxes**

**Weekly Focus Box**

**Habit Tracking**
Break down your goals each week and track weekly habits

**Next Week's Deadlines**

**7-Box Checklist**
Plan meals or list chores

**Daily Task Boxes**

**NEW! Monthly page tab**

**Health & Fitness Log**
- 8 Water Circles
- Track Activity/Steps
- 8 Sleep Boxes (below)

**Flexible Timeline**
- 7a-9p timeline
- extra AM/PM space for early birds & night owls
- lines every 20 minutes
Line spacing is perfect for sticky-notes and washi tape!

## WEEKLY PLANNING GRIDS
### (extended editions only)

**ADAPTABLE PLANNING**
The Extended Edition provides the ultimate planning space and doubles your planning capability each week!

**Dot Grid**
Make more lists
Track your budget
Bullet Journal
Drawing

**4x5 Planning Grid**
Use horizontally or vertically depending on your personal needs!

**WHAT DO YOU WANT TO PLAN/TRACK?**
- meals & snacks or specific gym workouts
- classes or homework
- a daily diary/journal
- family activities
- daily spiritual readings
- v/blogging activities

---

## WELCOME TO YOUR VERY OWN **ACADEMIA** BOOK PLANNER!

Before you use your new planner, massage the spine. ACADEMIA A5 was designed to hold up in full backpacks and purses. No spiral wires to be squished, a very hard waterproof cover that can take a beating, be a coaster, a miniature lap-desk, and keep your planner intact throughout the semester or year! But, since it is a book planner – hot off the presses – you can literally crack it open.

Massaging the spine will work the new/stiff spine glue into something a more bendy. Start at the front and turn each page, stretching it flat. After about 10 pages, you can turn several pages at once and to really make it stretch, bend the book back a little more than its open resting position – doing this will make your planner more flexible for daily use and the pages lay flat.

This also gives you a chance to look through your new planner and make sure it fits your (and our) high expectations. Check it out and if you notice a printing/shipping error, please contact us within 2 months of ordering so we can replace it. We want you to love your new ACADEMIA! Enjoy!

# EMERGENCY CONTACTS

# MEDICAL INFORMATION

NAME

**Phone**

**Relation**

## ALLERGIES

## MEDS & NOTES

Doctor #1

**Specialty**                    **Phone**

Location

Note

Doctor #2

**Specialty**                    **Phone**

Location

Note

Doctor #3

**Specialty**                    **Phone**

Location

Note

# SCHOOL CONTACTS

Name

**Phone**

**Email**

Note

Name

**Phone**

**Email**

Note

# FALL SCHEDULE-AT-A-GLANCE

| MONDAY | TUESDAY | WEDNESDAY | THURSDAY | FRIDAY |
|---|---|---|---|---|
| | | | | |

| CLASS | TIME/LOCATION | INSTRUCTOR/EMAIL | OFFICE/HRS | FINAL EXAM |
|---|---|---|---|---|
| | | | | |

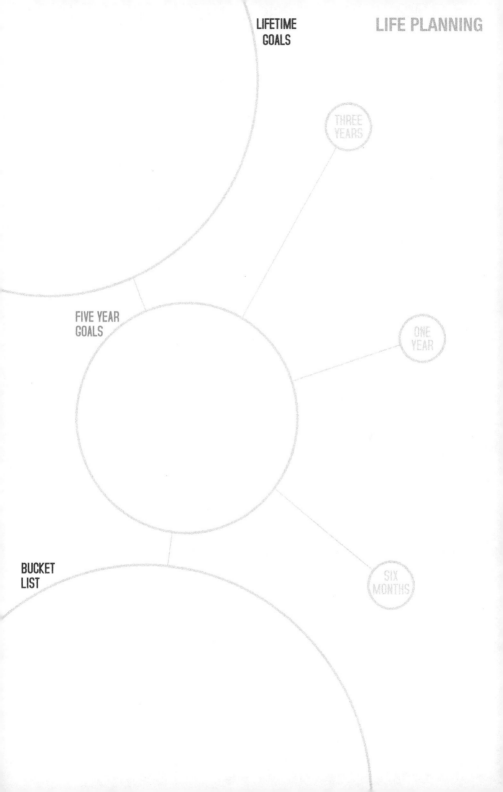

LIFETIME
GOALS

LIFE PLANNING

THREE
YEARS

FIVE YEAR
GOALS

ONE
YEAR

BUCKET
LIST

SIX
MONTHS

# TRAVEL

## FLIGHT INFO

DEPARTURE

ARRIVAL

$

## HOTEL INFO

$

## CAR RENTAL

$

## SCHEDULE

## BUDGET

## NOTES

## Estimated Cost/Dates

$

$

$

## TRAVEL OPPORTUNITIES

/ _____

/ _____

/ _____

/ _____

NOTES

Submission Date   Potential Conferences to Attend/Dates   **CONFERENCES**

/ /

/ /

/ /

| CONFERENCE | PAPER/SUBMISSIONS |
|---|---|
| $ | |
| | PRESENTATIONS |
| WEBSITE/CONTACTS | |

DATES : LOCATION

NOTES

**Paper/Research Ideas**

# 2018

## January
| # | M | T | W | T | F | S | S |
|---|---|---|---|---|---|---|---|
| 1 | 1 | 2 | 3 | 4 | 5 | 6 | 7 |
| 2 | 8 | 9 | 10 | 11 | 12 | 13 | 14 |
| 3 | 15 | 16 | 17 | 18 | 19 | 20 | 21 |
| 4 | 22 | 23 | 24 | 25 | 26 | 27 | 28 |
| 5 | 29 | 30 | 31 | | | | |

## February
| # | M | T | W | T | F | S | S |
|---|---|---|---|---|---|---|---|
| 5 | | | | 1 | 2 | 3 | 4 |
| 6 | 5 | 6 | 7 | 8 | 9 | 10 | 11 |
| 7 | 12 | 13 | 14 | 15 | 16 | 17 | 18 |
| 8 | 19 | 20 | 21 | 22 | 23 | 24 | 25 |
| 9 | 26 | 27 | 28 | | | | |

## March
| # | M | T | W | T | F | S | S |
|---|---|---|---|---|---|---|---|
| 9 | | | | 1 | 2 | 3 | 4 |
| 10 | 5 | 6 | 7 | 8 | 9 | 10 | 11 |
| 11 | 12 | 13 | 14 | 15 | 16 | 17 | 18 |
| 12 | 19 | 20 | 21 | 22 | 23 | 24 | 25 |
| 13 | 26 | 27 | 28 | 29 | 30 | 31 | |

## April
| # | M | T | W | T | F | S | S |
|---|---|---|---|---|---|---|---|
| 13 | | | | | | | 1 |
| 14 | 2 | 3 | 4 | 5 | 6 | 7 | 8 |
| 15 | 9 | 10 | 11 | 12 | 13 | 14 | 15 |
| 16 | 16 | 17 | 18 | 19 | 20 | 21 | 22 |
| 17 | 23 | 24 | 25 | 26 | 27 | 28 | 29 |
| 18 | 30 | | | | | | |

## May
| # | M | T | W | T | F | S | S |
|---|---|---|---|---|---|---|---|
| 18 | | 1 | 2 | 3 | 4 | 5 | 6 |
| 19 | 7 | 8 | 9 | 10 | 11 | 12 | 13 |
| 20 | 14 | 15 | 16 | 17 | 18 | 19 | 20 |
| 21 | 21 | 22 | 23 | 24 | 25 | 26 | 27 |
| 22 | 28 | 29 | 30 | 31 | | | |

## June
| # | M | T | W | T | F | S | S |
|---|---|---|---|---|---|---|---|
| 22 | | | | | 1 | 2 | 3 |
| 23 | 4 | 5 | 6 | 7 | 8 | 9 | 10 |
| 24 | 11 | 12 | 13 | 14 | 15 | 16 | 17 |
| 25 | 18 | 19 | 20 | 21 | 22 | 23 | 24 |
| 26 | 25 | 26 | 27 | 28 | 29 | 30 | |

## July
| # | M | T | W | T | F | S | S |
|---|---|---|---|---|---|---|---|
| 26 | | | | | | | 1 |
| 27 | 2 | 3 | 4 | 5 | 6 | 7 | 8 |
| 28 | 9 | 10 | 11 | 12 | 13 | 14 | 15 |
| 29 | 16 | 17 | 18 | 19 | 20 | 21 | 22 |
| 30 | 23 | 24 | 25 | 26 | 27 | 28 | 29 |
| 31 | 30 | 31 | | | | | |

## August
| # | M | T | W | T | F | S | S |
|---|---|---|---|---|---|---|---|
| 31 | | | 1 | 2 | 3 | 4 | 5 |
| 32 | 6 | 7 | 8 | 9 | 10 | 11 | 12 |
| 33 | 13 | 14 | 15 | 16 | 17 | 18 | 19 |
| 34 | 20 | 21 | 22 | 23 | 24 | 25 | 26 |
| 35 | 27 | 28 | 29 | 30 | 31 | | |

## September
| # | M | T | W | T | F | S | S |
|---|---|---|---|---|---|---|---|
| 35 | | | | | | 1 | 2 |
| 36 | 3 | 4 | 5 | 6 | 7 | 8 | 9 |
| 37 | 10 | 11 | 12 | 13 | 14 | 15 | 16 |
| 38 | 17 | 18 | 19 | 20 | 21 | 22 | 23 |
| 39 | 24 | 25 | 26 | 27 | 28 | 29 | 30 |

## October
| # | M | T | W | T | F | S | S |
|---|---|---|---|---|---|---|---|
| 40 | 1 | 2 | 3 | 4 | 5 | 6 | 7 |
| 41 | 8 | 9 | 10 | 11 | 12 | 13 | 14 |
| 42 | 15 | 16 | 17 | 18 | 19 | 20 | 21 |
| 43 | 22 | 23 | 24 | 25 | 26 | 27 | 28 |
| 44 | 29 | 30 | 31 | | | | |

## November
| # | M | T | W | T | F | S | S |
|---|---|---|---|---|---|---|---|
| 44 | | | | 1 | 2 | 3 | 4 |
| 45 | 5 | 6 | 7 | 8 | 9 | 10 | 11 |
| 46 | 12 | 13 | 14 | 15 | 16 | 17 | 18 |
| 47 | 19 | 20 | 21 | 22 | 23 | 24 | 25 |
| 48 | 26 | 27 | 28 | 29 | 30 | | |

## December
| # | M | T | W | T | F | S | S |
|---|---|---|---|---|---|---|---|
| 48 | | | | | | 1 | 2 |
| 49 | 3 | 4 | 5 | 6 | 7 | 8 | 9 |
| 50 | 10 | 11 | 12 | 13 | 14 | 15 | 16 |
| 51 | 17 | 18 | 19 | 20 | 21 | 22 | 23 |
| 52 | 24 | 25 | 26 | 27 | 28 | 29 | 30 |
| 1 | 31 | | | | | | |

## IMPORTANT SCHOOL DATES

/
/
/
/
/
/
/
/

## NOTES

# 2019

## January

| # | M | T | W | T | F | S | S |
|---|---|---|---|---|---|---|---|
| 1 |  | 1 | 2 | 3 | 4 | 5 | 6 |
| 2 | 7 | 8 | 9 | 10 | 11 | 12 | 13 |
| 3 | 14 | 15 | 16 | 17 | 18 | 19 | 20 |
| 4 | 21 | 22 | 23 | 24 | 25 | 26 | 27 |
| 5 | 28 | 29 | 30 | 31 |  |  |  |

## February

| # | M | T | W | T | F | S | S |
|---|---|---|---|---|---|---|---|
| 5 |  |  |  |  | 1 | 2 | 3 |
| 6 | 4 | 5 | 6 | 7 | 8 | 9 | 10 |
| 7 | 11 | 12 | 13 | 14 | 15 | 16 | 17 |
| 8 | 18 | 19 | 20 | 21 | 22 | 23 | 24 |
| 9 | 25 | 26 | 27 | 28 |  |  |  |

## March

| # | M | T | W | T | F | S | S |
|---|---|---|---|---|---|---|---|
| 9 |  |  |  |  | 1 | 2 | 3 |
| 10 | 4 | 5 | 6 | 7 | 8 | 9 | 10 |
| 11 | 11 | 12 | 13 | 14 | 15 | 16 | 17 |
| 12 | 18 | 19 | 20 | 21 | 22 | 23 | 24 |
| 13 | 25 | 26 | 27 | 28 | 29 | 30 | 31 |

## April

| # | M | T | W | T | F | S | S |
|---|---|---|---|---|---|---|---|
| 14 | 1 | 2 | 3 | 4 | 5 | 6 | 7 |
| 15 | 8 | 9 | 10 | 11 | 12 | 13 | 14 |
| 16 | 15 | 16 | 17 | 18 | 19 | 20 | 21 |
| 17 | 22 | 23 | 24 | 25 | 26 | 27 | 28 |
| 18 | 29 | 30 |  |  |  |  |  |

## May

| # | M | T | W | T | F | S | S |
|---|---|---|---|---|---|---|---|
| 18 |  |  | 1 | 2 | 3 | 4 | 5 |
| 19 | 6 | 7 | 8 | 9 | 10 | 11 | 12 |
| 20 | 13 | 14 | 15 | 16 | 17 | 18 | 19 |
| 21 | 20 | 21 | 22 | 23 | 24 | 25 | 26 |
| 22 | 27 | 28 | 29 | 30 | 31 |  |  |

## June

| # | M | T | W | T | F | S | S |
|---|---|---|---|---|---|---|---|
| 22 |  |  |  |  |  | 1 | 2 |
| 23 | 3 | 4 | 5 | 6 | 7 | 8 | 9 |
| 24 | 10 | 11 | 12 | 13 | 14 | 15 | 16 |
| 25 | 17 | 18 | 19 | 20 | 21 | 22 | 23 |
| 26 | 24 | 25 | 26 | 27 | 28 | 29 | 30 |

## July

| # | M | T | W | T | F | S | S |
|---|---|---|---|---|---|---|---|
| 27 | 1 | 2 | 3 | 4 | 5 | 6 | 7 |
| 28 | 8 | 9 | 10 | 11 | 12 | 13 | 14 |
| 29 | 15 | 16 | 17 | 18 | 19 | 20 | 21 |
| 30 | 22 | 23 | 24 | 25 | 26 | 27 | 28 |
| 31 | 29 | 30 | 31 |  |  |  |  |

## August

| # | M | T | W | T | F | S | S |
|---|---|---|---|---|---|---|---|
| 31 |  |  |  | 1 | 2 | 3 | 4 |
| 32 | 5 | 6 | 7 | 8 | 9 | 10 | 11 |
| 33 | 12 | 13 | 14 | 15 | 16 | 17 | 18 |
| 34 | 19 | 20 | 21 | 22 | 23 | 24 | 25 |
| 35 | 26 | 27 | 28 | 29 | 30 | 31 |  |

## September

| # | M | T | W | T | F | S | S |
|---|---|---|---|---|---|---|---|
| 35 |  |  |  |  |  |  | 1 |
| 36 | 2 | 3 | 4 | 5 | 6 | 7 | 8 |
| 37 | 9 | 10 | 11 | 12 | 13 | 14 | 15 |
| 38 | 16 | 17 | 18 | 19 | 20 | 21 | 22 |
| 39 | 23 | 24 | 25 | 26 | 27 | 28 | 29 |
| 40 | 30 |  |  |  |  |  |  |

## October

| # | M | T | W | T | F | S | S |
|---|---|---|---|---|---|---|---|
| 40 |  | 1 | 2 | 3 | 4 | 5 | 6 |
| 41 | 7 | 8 | 9 | 10 | 11 | 12 | 13 |
| 42 | 14 | 15 | 16 | 17 | 18 | 19 | 20 |
| 43 | 21 | 22 | 23 | 24 | 25 | 26 | 27 |
| 44 | 28 | 29 | 30 | 31 |  |  |  |

## November

| # | M | T | W | T | F | S | S |
|---|---|---|---|---|---|---|---|
| 44 |  |  |  |  | 1 | 2 | 3 |
| 45 | 4 | 5 | 6 | 7 | 8 | 9 | 10 |
| 46 | 11 | 12 | 13 | 14 | 15 | 16 | 17 |
| 47 | 18 | 19 | 20 | 21 | 22 | 23 | 24 |
| 48 | 25 | 26 | 27 | 28 | 29 | 30 |  |

## December

| # | M | T | W | T | F | S | S |
|---|---|---|---|---|---|---|---|
| 48 |  |  |  |  |  |  | 1 |
| 49 | 2 | 3 | 4 | 5 | 6 | 7 | 8 |
| 50 | 9 | 10 | 11 | 12 | 13 | 14 | 15 |
| 51 | 16 | 17 | 18 | 19 | 20 | 21 | 22 |
| 52 | 23 | 24 | 25 | 26 | 27 | 28 | 29 |
| 1 | 30 | 31 |  |  |  |  |  |

DATE          RESUME ADDITIONS & LIFE ACHIEVEMENTS

/

/

/

/

/

/

/

/

/

# MEASUREMENTS & INFO

## Temperature

°F = °C x 1.8 + 32

°C = (°F - 32) ÷ 1.8

## Weight & Capacity

| | |
|---|---|
| 1 gram | = 0.0353 oz |
| 1 ounce | = 28.3495 g |
| 1 kilogram | = 2.2046 lbs |
| 1 pound | = 0.4536 kg |
| 1 stone | = 14 lbs |
| 1 stone | = 6.3503 kg |
| 1 short ton (US) | = 2000 lbs |
| 1 long ton (UK) | = 2,240 lbs |
| 1 tonne (Metric) | = 1000 kg |
| 1 liter | = 0.264 gal |
| 1 gallon | = 3.785 L |

## Length & Area

| | |
|---|---|
| 1 centimeter | = 0.3937 in |
| 1 inch | = 2.540 cm |
| 1 foot | = .3048 m |
| 1 foot | = 12 in |
| 1 yard | = 0.914 m |
| 1 yard | = 3 ft / 36 in |
| 1 meter | = 1.094 yd |
| 1 mile | = 1.609 km |
| 1 kilometer | = 0.621 mi |
| 1 sq feet | = 144 sq in |
| 1 sq meter | = 1.196 sq yd |
| 1 sq yard | = 0.8361 sq m |
| 1 sq yard | = 9 sq ft |
| 1 sq mile | = 640 acres |
| 1 acre | = 4,840 sq yds |

## Race Distances

| | |
|---|---|
| 3.1 miles | = 5K |
| 6.2 miles | = 10K |
| 9.3 miles | = 15K |
| 13.1 mi | = Half Mar. |
| 18.6 mi | = 30K |
| 26.2 mi | = Marathon |

## American Kitchen

| | |
|---|---|
| 1 Gallon: | 4 quarts |
| | 8 pints |
| | 16 cups |
| | 128 oz |
| 1 Quart: | 2 pints |
| | 4 cups |
| | 32 oz |
| 1 Pint: | 2 cups |
| | 16 oz |
| 1 Cup: | 8 oz |
| | 16 tbsp |
| 1/4 Cup: | 4 tbsp |
| | 12 tsp |
| | 2 oz |
| 1 Tbsp: | 3 tsp |
| | 1/2 fl oz |

| Imperial | US Metric | UK Units | Canada | Australia |
|---|---|---|---|---|
| 1 gallon | 3.79 L | 4.5 L | 4.5 L | 4.5 L |
| 1 quart | 946 mL | 1.14L | 1.14L | 1.14L |
| 1 pint | 473 mL | 568 mL | 568 mL | 570 mL |
| 1 cup | 236.6 mL | 284 mL | 250 mL | 250 mL |
| 1 fl ounce | 29.6 mL | 28.4 mL | 28.4 mL | 28.4 mL |
| 1 tablespoon | 14.8 mL | 15 mL | 15 mL | 20 mL |
| 1 teaspoon | 4.9 mL | 5 mL | 5 mL | 5 mL |
| 1 tbsp | 3 tsp | 3 tsp | 3 tsp | 4 tsp |

## Zodiac & Birthstones

**Capricorn** (Dec 22 - Jan 19)
January Birthstone: Garnet
**Aquarius** (Jan 20 - Feb 18)
February Birthstone: Amethyst
**Pisces** (Feb 19 - Mar 20)
March Birthstone: Aquamarine
**Aries** (Mar 21 - Apr 19)
April Birthstone: Diamond
**Taurus** (Apr 20 - May 20)
May Birthstone: Emerald
**Gemini** (May 21 - Jun 21)
June Birthstone: Pearl

**Cancer** (Jun 22 - Jul 22)
July Birthstone: Ruby
**Leo** (Jul 23 - Aug 22)
August Birthstone: Peridot
**Virgo** (Aug 23 - Sep 22)
September Birthstone: Sapphire
**Libra** (Sep 23 - Oct 23)
October Birthstone: Opal
**Scorpio** (Oct 24 - Nov 21)
November Birthstone: Topaz
**Sagittarius** (Nov 22 - Dec 21)
December Birthstone: Turquoise

## Seasons/Sun Phases

**NORTHERN**

| | |
|---|---|
| Spring Equinox | Mar 20 |
| Summer Solstice | June 21 |
| Autumn Equinox | Sept 23 |
| Winter Solstice | Dec 22 |

**SOUTHERN**

| | |
|---|---|
| Spring Equinox | Sept 23 |
| Summer Solstice | Dec 22 |
| Autumn Equinox | Mar 20 |
| Winter Solstice | June 21 |

## 2018-19 Moon Phases

| CST (-6) TIME ZONE | NEW | FIRST | FULL | LAST |
|---|---|---|---|---|
| AUG | 11 | 18 | 26 | 4 |
| SEPT | 9 | 16 | 24 | 2 |
| OCT | 8 | 16 | 24 | 2, 31 |
| NOV | 7 | 15 | 22 | 29 |
| DEC | 7 | 15 | 22 | 29 |
| 2019 | | | | |
| JAN | 5 | 14 | 20 | 27 |
| FEB | 4 | 12 | 19 | 26 |
| MAR | 6 | 14 | 20 | 27 |
| APR | 5 | 12 | 19 | 26 |
| MAY | 4 | 11 | 18 | 26 |
| JUN | 3 | 10 | 17 | 25 |
| JUL | 2,31 | 9 | 16 | 24 |

# 2018 2019 Observances

*(Holidays with one date celebrate on that day every year)*

| 2018 | 2019 | | 2018 | 2019 | |
|------|------|---|------|------|---|
| Jan 1 | | New Year's Day | | Jun 2 | Republic Day (Italy) |
| | Jan 6 | Epiphany | May 19 | Jun 8 | Shavuot (begins/evening) |
| Jan 15 | Jan 21 | Martin Luther King Jr. Day (US) | May 20 | Jun 9 | Pentecost |
| | Jan 26 | Australia Day | Jun 17 | Jun 16 | Father's Day |
| | Feb 2 | Groundhog Day | | Jul 2 | Canada Day |
| Feb 16 | Feb 5 | Chinese New Year | | Jul 4 | Independence Day (US) |
| | Feb 11 | Foundation Day (Japan) | | Jul 14 | Bastille Day (France) |
| | Feb 14 | Valentine's Day | Aug 6 | Aug 5 | Summer Bank Day (Scotland) |
| Feb 14 | Mar 6 | Ash Wednesday/Lent (begins) | Aug 27 | Aug 26 | Summer Bank Day (UK) |
| Feb 19 | Feb 18 | President's Day (US) | Sep 3 | Sep 2 | Labor Day (US) |
| Feb 13 | Mar 5 | Mardi Gras | Sep 9 | Sep 8 | Grandparent's Day |
| Mar 11 | Mar 10 | Daylight Saving (begins) | | Sep 16 | Día de la Independencia (Mexico) |
| | Mar 17 | St. Patrick's Day | Sep 28 | Sep 27 | Native American Day |
| Feb 28 | Mar 20 | Purim (begins/evening) | Sep 9 | Sep 29 | Rosh Hashanah (begins/evening) |
| Mar 25 | Apr 14 | Palm Sunday | | Oct 3 | German Unity Day (Germany) |
| | Mar 25 | Annunciation | Sep 18 | Oct 8 | Yom Kippur (begins/evening) |
| | Apr 1 | April Fool's Day | Sep 23 | Oct 13 | Sukkot (begins/evening) |
| | Apr 17 | Tax Day (US) | Oct 8 | Oct 14 | Discoverers' Day (US) |
| Mar 30 | Apr 19 | Good Friday | Oct 8 | Oct 14 | Canadian Thanksgiving |
| Mar 30 | Apr 19 | Passover (begins/evening) | | Oct 31 | Halloween |
| Apr 1 | Apr 21 | Easter | | Oct 31 | Día de los Muertos (begins) |
| Apr 2 | Apr 22 | Easter Monday | | Nov 1 | All Saints' Day |
| | Apr 22 | Earth Day | | Nov 2 | All Souls' Day |
| | Apr 25 | ANZAC Day (Aus/NZ) | Nov 4 | Nov 3 | Daylight Saving (ends) |
| | April 29 | Golden Week (begins) (Japan) | | Nov 5 | Guy Fawkes Night (UK) |
| | May 1 | May Day | | Nov 11 | Veteran's Day (US) |
| Apr 12 | May 2 | Holocaust Remembrance Day | | Nov 11 | Remembrance Day (Canada) |
| May 7 | May 6 | Early May Bank Holiday (UK) | Nov 22 | Nov 28 | Thanksgiving (US) |
| May 16 | May 6 | Ramadan (begins) | Dec 2 | Dec 1 | Advent (begins) |
| May 2 | May 7 | Teacher's Day | Nov 30 | Dec 2 | St. Andrew's Day (Scotland) |
| | May 8 | VE Day (France) | Dec 2 | Dec 22 | Chanukah (begins/evening) |
| May 13 | May 12 | Mother's Day | | Dec 24 | Christmas Eve |
| May 19 | May 20 | Armed Forces Day (US) | | Dec 25 | Christmas Day |
| May 20 | May 20 | Victoria Day (Canada) | | Dec 26 | Boxing Day (UK/Can/Aus/NZ) |
| May 28 | May 27 | Spring Bank Day (UK) | | Dec 26 | Kwanzaa (begins) |
| May 28 | May 27 | Memorial Day (US) | | Dec 31 | New Year's Eve |

## Special Dates

/
/
/
/
/
/
/
/
/
/
/
/
/

| US ABBREVIATIONS | | | | | |
|---|---|---|---|---|---|
| AK | Alaska | KY | Kentucky | NY | New York |
| AL | Alabama | LA | Louisiana | OH | Ohio |
| AR | Arkansas | MA | Massachusetts | OK | Oklahoma |
| AZ | Arizona | MD | Maryland | OR | Oregon |
| CA | California | ME | Maine | PA | Pennsylvania |
| CO | Colorado | MI | Michigan | RI | Rhode Island |
| CT | Connecticut | MN | Minnesota | SC | South Carolina |
| DE | Delaware | MO | Missouri | SD | South Dakota |
| FL | Florida | MS | Mississippi | TN | Tennessee |
| GA | Georgia | MT | Montana | TX | Texas |
| HI | Hawaii | NC | North Carolina | UT | Utah |
| IA | Iowa | ND | North Dakota | VA | Virginia |
| ID | Idaho | NE | Nebraska | VT | Vermont |
| IL | Illinois | NH | New Hampshire | WA | Washington |
| IN | Indiana | NJ | New Jersey | WI | Wisconsin |
| KS | Kansas | NM | New Mexico | WV | West Virginia |
| | | NV | Nevada | WY | Wyoming |

| MONDAY | TUESDAY | WEDNESDAY | THURSDAY | FRIDAY | SATURDAY | SUNDAY |
|---|---|---|---|---|---|---|
| 30 | 31 | 1 AUGUST | 2 | 3 | 4 | 5 |
| 6 | 7 | 8 | 9 | 10 | 11 | 12 |
| 13 | 14 | 15 | 16 | 17 | 18 | 19 |
| 20 | 21 | 22 | 23 | 24 | 25 | 26 |
| 27 | 28 | 29 | 30 | 31 | 1 SEPTEMBER | 2 |
| 3 | 4 | 5 | 6 | 7 | 8 | 9 |
| 10 | 11 | 12 | 13 | 14 | 15 | 16 |
| 17 | 18 | 19 | 20 | 21 | 22 | 23 |
| 24 | 25 | 26 | 27 | 28 | 29 | 30 |
| 1 OCTOBER | 2 | 3 | 4 | 5 | 6 | 7 |
| 8 | 9 | 10 | 11 | 12 | 13 | 14 |
| 15 | 16 | 17 | 18 | 19 | 20 | 21 |
| 22 | 23 | 24 | 25 | 26 | 27 | 28 |

| # | MONDAY | TUESDAY | WEDNESDAY | THURSDAY | FRIDAY | SATURDAY | SUNDAY |
|---|---|---|---|---|---|---|---|
| 44 | 29 | 30 | 31 | 1 NOVEMBER | 2 | 3 | 4 |
| 45 | 5 | 6 | 7 | 8 | 9 | 10 | 11 |
| 46 | 12 | 13 | 14 | 15 | 16 | 17 | 18 |
| 47 | 19 | 20 | 21 | 22 | 23 | 24 | 25 |
| 48 | 26 | 27 | 28 | 29 | 30 | 1 DECEMBER | 2 |
| 49 | 3 | 4 | 5 | 6 | 7 | 8 | 9 |
| 50 | 10 | 11 | 12 | 13 | 14 | 15 | 16 |
| 51 | 17 | 18 | 19 | 20 | 21 | 22 | 23 |
| 52 | 24 | 25 | 26 | 27 | 28 | 29 | 30 |
| 1 | 31 | | | | | | |

| MONDAY | TUESDAY | WEDNESDAY | THURSDAY | FRIDAY | SATURDAY | SUNDAY |
|---|---|---|---|---|---|---|
| **2019** | 1 (JANUARY) | 2 | 3 | 4 | 5 | 6 |
| 7 | 8 | 9 | 10 | 11 | 12 | 13 |
| 14 | 15 | 16 | 17 | 18 | 19 | 20 |
| 21 | 22 | 23 | 24 | 25 | 26 | 27 |
| 28 | 29 | 30 | 31 | 1 (FEBRUARY) | 2 | 3 |
| 4 | 5 | 6 | 7 | 8 | 9 | 10 |
| 11 | 12 | 13 | 14 | 15 | 16 | 17 |
| 18 | 19 | 20 | 21 | 22 | 23 | 24 |
| 25 | 26 | 27 | 28 | 1 (MARCH) | 2 | 3 |
| 4 | 5 | 6 | 7 | 8 | 9 | 10 |
| 11 | 12 | 13 | 14 | 15 | 16 | 17 |
| 18 | 19 | 20 | 21 | 22 | 23 | 24 |
| 25 | 26 | 27 | 28 | 29 | 30 | 31 |

| MONDAY | TUESDAY | WEDNESDAY | THURSDAY | FRIDAY | SATURDAY | SUNDAY |
|---|---|---|---|---|---|---|
| 1 APRIL | 2 | 3 | 4 | 5 | 6 | 7 |
| 8 | 9 | 10 | 11 | 12 | 13 | 14 |
| 15 | 16 | 17 | 18 | 19 | 20 | 21 |
| 22 | 23 | 24 | 25 | 26 | 27 | 28 |
| 29 | 30 | 1 MAY | 2 | 3 | 4 | 5 |
| 6 | 7 | 8 | 9 | 10 | 11 | 12 |
| 13 | 14 | 15 | 16 | 17 | 18 | 19 |
| 20 | 21 | 22 | 23 | 24 | 25 | 26 |
| 27 | 28 | 29 | 30 | 31 | 1 | 2 |
| 3 | 4 | 5 | 6 JUNE | 7 | 8 | 9 |
| 10 | 11 | 12 | 13 | 14 | 15 | 16 |
| 17 | 18 | 19 | 20 | 21 | 22 | 23 |
| 24 | 25 | 26 | 27 | 28 | 29 | 30 |

# august

**THIS MONTH'S FOCUS**

**THIS MONTH'S FOCUS**

| MONDAY | TUESDAY | WEDNESDAY |
|---|---|---|
| 30 | 31 | 1 |
| 6 | 7 | 8 |
| 13 | 14 | 15 |
| 20 | 21 | 22 |
| 27 | 28 | 29 |

NOTES

MENTAL

PHYSICAL

SPIRITUAL

**HABIT TRACKING**   1  2  3  4  5  6  7  8  9  10  11  12  13  14  15  16  17  18  19  20  21  22  23  24  25  26  27  28  29  30  31

| THURSDAY | FRIDAY | SATURDAY | SUNDAY |
|---|---|---|---|
| **2** | **3** | **4** | **5** |
| **9** | **10** | **11** | **12** |
| **16** | **17** | **18** | **19** |
| **23** | **24** | **25** | **26** |
| **30** | **31** | **1** | **2** |

WK 31
WK 32
WK 33
WK 34
WK 35

**July**

| # | M | T | W | T | F | S | S |
|---|---|---|---|---|---|---|---|
| 27 | | | | | | 1 | |
| 28 | 2 | 3 | 4 | 5 | 6 | 7 | 8 |
| 29 | 9 | 10 | 11 | 12 | 13 | 14 | 15 |
| 30 | 16 | 17 | 18 | 19 | 20 | 21 | 22 |
| 31 | 23 | 24 | 25 | 26 | 27 | 28 | 29 |
| 31 | 30 | 31 | | | | | |

**September**

| # | M | T | W | T | F | S | S |
|---|---|---|---|---|---|---|---|
| 35 | | | | | | 1 | 2 |
| 36 | 3 | 4 | 5 | 6 | 7 | 8 | 9 |
| 37 | 10 | 11 | 12 | 13 | 14 | 15 | 16 |
| 38 | 17 | 18 | 19 | 20 | 21 | 22 | 23 |
| 39 | 24 | 25 | 26 | 27 | 28 | 29 | 30 |

SEP OCT NOV DEC JAN FEB MAR APR MAY JUN JUL

# september

## THIS MONTH'S FOCUS

## THIS MONTH'S FOCUS

MENTAL

PHYSICAL

SPIRITUAL

| | MONDAY | TUESDAY | WEDNESDAY |
|---|---|---|---|
| | 27 | 28 | 29 |
| NOTES | | | |
| | 3 | 4 | 5 |
| | 10 | 11 | 12 |
| | 17 | 18 | 19 |
| | 24 | 25 | 26 |

HABIT TRACKING   1 2 3 4 5 6 7 8 9 10 11 12 13 14 15 16 17 18 19 20 21 22 23 24 25 26 27 28 29 30

| THURSDAY | FRIDAY | SATURDAY | SUNDAY |
|---|---|---|---|

**WK 35**

**30**

**August**

| # | M | T | W | T | F | S | S |
|---|---|---|---|---|---|---|---|
| 31 | | | 1 | 2 | 3 | 4 | 5 |
| 37 | 6 | 7 | 8 | 9 | 10 | 11 | 12 |
| 33 | 13 | 14 | 15 | 16 | 17 | 18 | 19 |
| 34 | 20 | 21 | 22 | 23 | 24 | 25 | 26 |
| 35 | 27 | 28 | 29 | 30 | 31 | | |

**31**

**October**

| # | M | T | W | T | F | S | S |
|---|---|---|---|---|---|---|---|
| 40 | 1 | 2 | 3 | 4 | 5 | 6 | 7 |
| 41 | 8 | 9 | 10 | 11 | 12 | 13 | 14 |
| 42 | 15 | 16 | 17 | 18 | 19 | 20 | 21 |
| 43 | 22 | 23 | 24 | 25 | 26 | 27 | 28 |
| 44 | 29 | 30 | 31 | | | | |

**1**

**2**

**WK 36**

**6** | **7** | **8** | **9**

**WK 37**

**13** | **14** | **15** | **16**

**WK 38**

**20** | **21** | **22** | **23**

**WK 39**

**27** | **28** | **29** | **30**

AUG
OCT
NOV
DEC
JAN
FEB
MAR
APR
MAY
JUN
JUL

# october

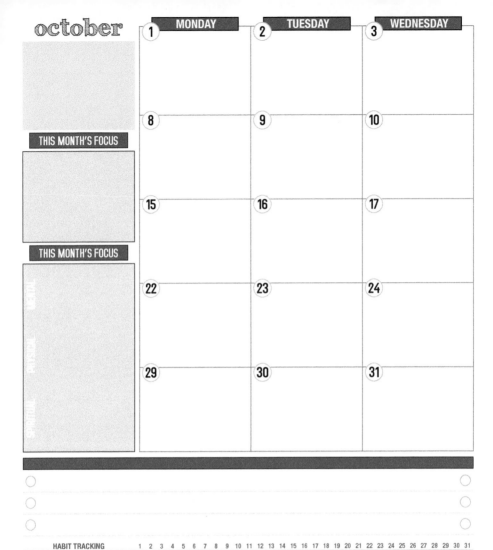

**THIS MONTH'S FOCUS**

**THIS MONTH'S FOCUS**

| MONDAY | TUESDAY | WEDNESDAY |
|---|---|---|
| 1 | 2 | 3 |
| 8 | 9 | 10 |
| 15 | 16 | 17 |
| 22 | 23 | 24 |
| 29 | 30 | 31 |

HABIT TRACKING  1  2  3  4  5  6  7  8  9  10  11  12  13  14  15  16  17  18  19  20  21  22  23  24  25  26  27  28  29  30  31

| THURSDAY | FRIDAY | SATURDAY | SUNDAY |
|---|---|---|---|
| **4** | **5** | **6** | **7** |
| **11** | **12** | **13** | **14** |
| **18** | **19** | **20** | **21** |
| **25** | **26** | **27** | **28** |

WK 40
WK 41
WK 42
WK 43
WK 44

**1**

### September

| M | T | W | T | F | S | S |
|---|---|---|---|---|---|---|
|  |  |  |  |  | 1 | 2 |
| 3 | 4 | 5 | 6 | 7 | 8 | 9 |
| 10 | 11 | 12 | 13 | 14 | 15 | 16 |
| 17 | 18 | 19 | 20 | 21 | 22 | 23 |
| 24 | 25 | 26 | 27 | 28 | 29 | 30 |

**2**

### November

| M | T | W | T | F | S | S |
|---|---|---|---|---|---|---|
|  |  |  | 1 | 2 | 3 | 4 |
| 5 | 6 | 7 | 8 | 9 | 10 | 11 |
| 12 | 13 | 14 | 15 | 16 | 17 | 18 |
| 19 | 20 | 21 | 22 | 23 | 24 | 25 |
| 26 | 27 | 28 | 29 | 30 |  |  |

**3**

**4**

NOTES

AUG
SEP
NOV
DEC
JAN
FEB
MAR
APR
MAY
JUN
JUL

# november

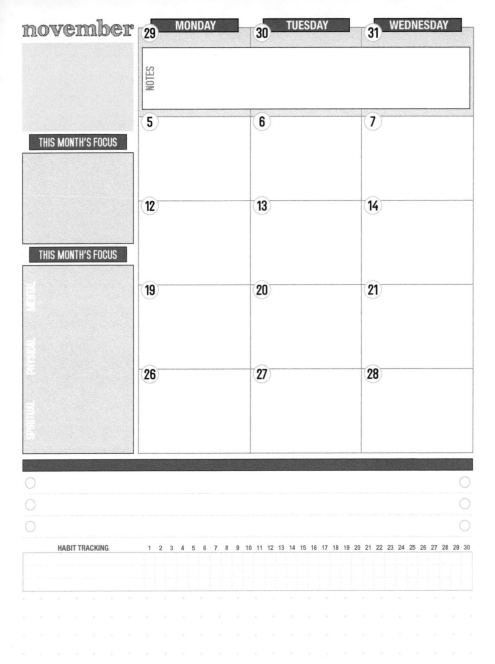

| | MONDAY | TUESDAY | WEDNESDAY |
|---|---|---|---|
| | 29 | 30 | 31 |

NOTES

THIS MONTH'S FOCUS

THIS MONTH'S FOCUS

MENTAL

PHYSICAL

SPIRITUAL

| 5 | 6 | 7 |
| 12 | 13 | 14 |
| 19 | 20 | 21 |
| 26 | 27 | 28 |

HABIT TRACKING   1  2  3  4  5  6  7  8  9  10  11  12  13  14  15  16  17  18  19  20  21  22  23  24  25  26  27  28  29  30

| THURSDAY | FRIDAY | SATURDAY | SUNDAY |
|---|---|---|---|
| 1 | 2 | 3 | 4 |
| 8 | 9 | 10 | 11 |
| 15 | 16 | 17 | 18 |
| 22 | 23 | 24 | 25 |
| 29 | 30 | 1 | 2 |

WK 44
WK 45
WK 46
WK 47
WK 48

**October**

| # | M | T | W | T | F | S | S |
|---|---|---|---|---|---|---|---|
| 40 | 1 | 2 | 3 | 4 | 5 | 6 | 7 |
| 41 | 8 | 9 | 10 | 11 | 12 | 13 | 14 |
| 42 | 15 | 16 | 17 | 18 | 19 | 20 | 21 |
| 43 | 22 | 23 | 24 | 25 | 26 | 27 | 28 |
| 44 | 29 | 30 | 31 | | | | |

**December**

| # | M | T | W | T | F | S | S |
|---|---|---|---|---|---|---|---|
| 48 | | | | | | 1 | 2 |
| 49 | 3 | 4 | 5 | 6 | 7 | 8 | 9 |
| 50 | 10 | 11 | 12 | 13 | 14 | 15 | 16 |
| 51 | 17 | 18 | 19 | 20 | 21 | 22 | 23 |
| 52 | 24 | 25 | 26 | 27 | 28 | 29 | 30 |
| 1 | 31 | | | | | | |

AUG SEP OCT DEC JAN FEB MAR APR MAY JUN JUL

# december

| | MONDAY | TUESDAY | WEDNESDAY |
|---|---|---|---|
| | **26** | **27** | **28** |

**NOTES**

**THIS MONTH'S FOCUS**

**THIS MONTH'S FOCUS**

MENTAL

PHYSICAL

SPIRITUAL

| 3 | 4 | 5 |
|---|---|---|
| 10 | 11 | 12 |
| 17 | 18 | 19 |
| 24 | 25 | 26 |
| 31 | | |

○
○
○

○
○
○

**HABIT TRACKING**   1  2  3  4  5  6  7  8  9  10  11  12  13  14  15  16  17  18  19  20  21  22  23  24  25  26  27  28  29  30  31

| | THURSDAY | | FRIDAY | | SATURDAY | | SUNDAY |
|---|---|---|---|---|---|---|---|
| **29** | **November** | **30** | **January** | **1** | | **2** | |

**29 THURSDAY** — November

| # | M | T | W | T | F | S | S |
|---|---|---|---|---|---|---|---|
| 44 | | | | 1 | 2 | 3 | 4 |
| 45 | 5 | 6 | 7 | 8 | 9 | 10 | 11 |
| 46 | 12 | 13 | 14 | 15 | 16 | 17 | 18 |
| 47 | 19 | 20 | 21 | 22 | 23 | 24 | 25 |
| 48 | 26 | 27 | 28 | 29 | 30 | | |

**30 FRIDAY** — January

| # | M | T | W | T | F | S | S |
|---|---|---|---|---|---|---|---|
| 1 | | | 1 | 2 | 3 | 4 | 5 | 6 |
| 2 | 7 | 8 | 9 | 10 | 11 | 12 | 13 |
| 3 | 14 | 15 | 16 | 17 | 18 | 19 | 20 |
| 4 | 21 | 22 | 23 | 24 | 25 | 26 | 27 |
| 5 | 28 | 29 | 30 | 31 | | | |

WK 48

WK 49 — 6, 7, 8, 9

WK 50 — 13, 14, 15, 16

WK 51 — 20, 21, 22, 23

WK 52 — 27, 28, 29, 30

AUG SEP OCT NOV JAN FEB MAR APR MAY JUN JUL

# january

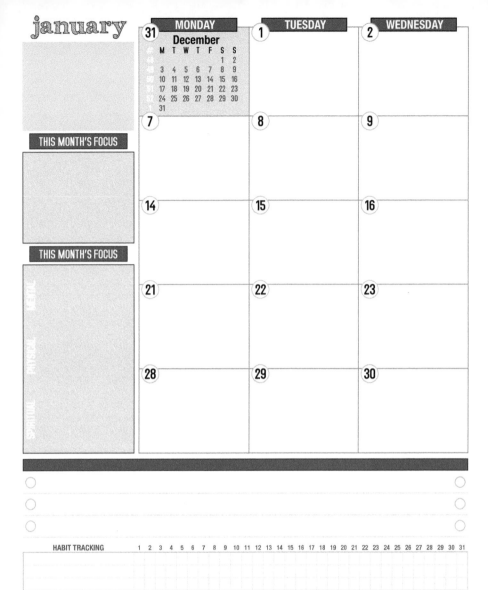

**THIS MONTH'S FOCUS**

**THIS MONTH'S FOCUS**

MENTAL

PHYSICAL

SPIRITUAL

| MONDAY | TUESDAY | WEDNESDAY |
|---|---|---|
| 31 | 1 | 2 |
| 7 | 8 | 9 |
| 14 | 15 | 16 |
| 21 | 22 | 23 |
| 28 | 29 | 30 |

### December

| M | T | W | T | F | S | S |
|---|---|---|---|---|---|---|
| # | | | | | 1 | 2 |
| 48 | | | | | | |
| 49 | 3 | 4 | 5 | 6 | 7 | 8 | 9 |
| 50 | 10 | 11 | 12 | 13 | 14 | 15 | 16 |
| 51 | 17 | 18 | 19 | 20 | 21 | 22 | 23 |
| 52 | 24 | 25 | 26 | 27 | 28 | 29 | 30 |
| 1 | 31 | | | | | | |

○
○
○

○
○
○

**HABIT TRACKING**   1  2  3  4  5  6  7  8  9  10  11  12  13  14  15  16  17  18  19  20  21  22  23  24  25  26  27  28  29  30  31

AUG
SEP
OCT
NOV
DEC
FEB
MAR
APR
MAY
JUN
JUL

| THURSDAY | FRIDAY | SATURDAY | SUNDAY |
|---|---|---|---|
| ③ 3 | ④ 4 | ⑤ 5 | ⑥ 6 |

**WK 1**

| 10 | 11 | 12 | 13 |
|---|---|---|---|

**WK 2**

| 17 | 18 | 19 | 20 |
|---|---|---|---|

**WK 3**

| 24 | 25 | 26 | 27 |
|---|---|---|---|

**WK 4**

| 31 | 1 | 2 | 3 |
|---|---|---|---|

**WK 5**

### February

| | M | T | W | T | F | S | S |
|---|---|---|---|---|---|---|---|
| #5 | | | | 1 | 2 | 3 |
| 6 | 4 | 5 | 6 | 7 | 8 | 9 | 10 |
| 7 | 11 | 12 | 13 | 14 | 15 | 16 | 17 |
| 8 | 18 | 19 | 20 | 21 | 22 | 23 | 24 |
| 9 | 25 | 26 | 27 | 28 |

NOTES

W

# february

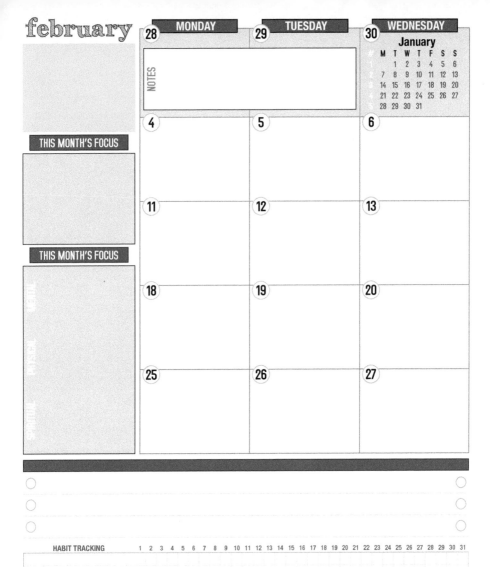

| | MONDAY | | TUESDAY | | WEDNESDAY |
|---|---|---|---|---|---|
| **28** | NOTES | **29** | | **30** | **January** |

**January**

| M | T | W | T | F | S | S |
|---|---|---|---|---|---|---|
| | | 1 | 2 | 3 | 4 | 5 | 6 |
| 7 | 8 | 9 | 10 | 11 | 12 | 13 |
| 14 | 15 | 16 | 17 | 18 | 19 | 20 |
| 21 | 22 | 23 | 24 | 25 | 26 | 27 |
| 28 | 29 | 30 | 31 | | | |

| 4 | 5 | 6 |
|---|---|---|
| 11 | 12 | 13 |
| 18 | 19 | 20 |
| 25 | 26 | 27 |

**THIS MONTH'S FOCUS**

**THIS MONTH'S FOCUS**

**HABIT TRACKING**   1  2  3  4  5  6  7  8  9  10  11  12  13  14  15  16  17  18  19  20  21  22  23  24  25  26  27  28  29  30  31

## THURSDAY

**31**

### March

| | M | T | W | T | F | S | S |
|---|---|---|---|---|---|---|---|
| | | | | | 1 | 2 | 3 |
| | 4 | 5 | 6 | 7 | 8 | 9 | 10 |
| | 11 | 12 | 13 | 14 | 15 | 16 | 17 |
| | 18 | 19 | 20 | 21 | 22 | 23 | 24 |
| | 25 | 26 | 27 | 28 | 29 | 30 | 31 |

## FRIDAY

**1**

## SATURDAY

**2**

## SUNDAY

**3**

**WK 5**

**7**     **8**     **9**     **10**

**WK 6**

**14**     **15**     **16**     **17**

**WK 7**

**21**     **22**     **23**     **24**

**WK 8**

**28**     **1**     **2**     **3**

**WK 9**

NOTES

# march

## MONDAY

**25**

## TUESDAY

**26**

## WEDNESDAY

**27**

### February

| M | T | W | T | F | S | S |
|---|---|---|---|---|---|---|
|   |   |   |   | 1 | 2 | 3 |
| 4 | 5 | 6 | 7 | 8 | 9 | 10 |
| 11 | 12 | 13 | 14 | 15 | 16 | 17 |
| 18 | 19 | 20 | 21 | 22 | 23 | 24 |
| 25 | 26 | 27 | 28 |   |   |   |

NOTES

THIS MONTH'S FOCUS

THIS MONTH'S FOCUS

MENTAL

PHYSICAL

SPIRITUAL

**4** | **5** | **6**

**11** | **12** | **13**

**18** | **19** | **20**

**25** | **26** | **27**

HABIT TRACKING  1  2  3  4  5  6  7  8  9  10  11  12  13  14  15  16  17  18  19  20  21  22  23  24  25  26  27  28  29  30  31

| THURSDAY | FRIDAY | SATURDAY | SUNDAY |
|---|---|---|---|
| **28** | **1** | **2** | **3** |

**April**

| # | M | T | W | T | F | S | S |
|---|---|---|---|---|---|---|---|
| 14 | 1 | 2 | 3 | 4 | 5 | 6 | 7 |
| 15 | 8 | 9 | 10 | 11 | 12 | 13 | 14 |
| 16 | 15 | 16 | 17 | 18 | 19 | 20 | 21 |
| 17 | 22 | 23 | 24 | 25 | 26 | 27 | 28 |
| 18 | 29 | 30 | | | | | |

| WK 9 | | | | |
|---|---|---|---|---|
| **WK 10** | 7 | 8 | 9 | 10 |
| **WK 11** | 14 | 15 | 16 | 17 |
| **WK 12** | 21 | 22 | 23 | 24 |
| **WK 13** | 28 | 29 | 30 | 31 |

AUG
SEP
OCT
NOV
DEC
JAN
FEB
APR
MAY
JUN
JUL

# april

**THIS MONTH'S FOCUS**

**THIS MONTH'S FOCUS**

| MONDAY | TUESDAY | WEDNESDAY |
|---|---|---|
| 1 | 2 | 3 |
| 8 | 9 | 10 |
| 15 | 16 | 17 |
| 22 | 23 | 24 |
| 29 | 30 | 1 |

**March**

| M | T | W | T | F | S | S |
|---|---|---|---|---|---|---|
| | | | | 1 | 2 | 3 |
| 4 | 5 | 6 | 7 | 8 | 9 | 10 |
| 11 | 12 | 13 | 14 | 15 | 16 | 17 |
| 18 | 19 | 20 | 21 | 22 | 23 | 24 |
| 25 | 26 | 27 | 28 | 29 | 30 | 31 |

○     ○
○     ○
○     ○

**HABIT TRACKING**   1 2 3 4 5 6 7 8 9 10 11 12 13 14 15 16 17 18 19 20 21 22 23 24 25 26 27 28 29 30

| THURSDAY | FRIDAY | SATURDAY | SUNDAY |
|---|---|---|---|
| **4** | **5** | **6** | **7** |
| **11** | **12** | **13** | **14** |
| **18** | **19** | **20** | **21** |
| **25** | **26** | **27** | **28** |
| **2** | **3** | **4** | **5** |

WK 14
WK 15
WK 16
WK 17
WK 18

**May**

| # | M | T | W | T | F | S | S |
|---|---|---|---|---|---|---|---|
| 18 | | | 1 | 2 | 3 | 4 | 5 |
| 18 | 6 | 7 | 8 | 9 | 10 | 11 | 12 |
| 20 | 13 | 14 | 15 | 16 | 17 | 18 | 19 |
| 21 | 20 | 21 | 22 | 23 | 24 | 25 | 26 |
| 22 | 27 | 28 | 29 | 30 | 31 | | |

NOTES

AUG
SEP
OCT
NOV
DEC
JAN
FEB
MAR
MAY
JUN
JUL

# may

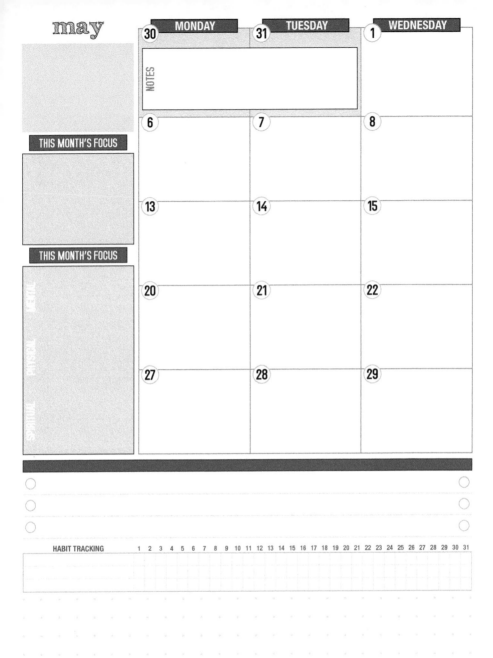

| | MONDAY | | TUESDAY | | WEDNESDAY |
|---|---|---|---|---|---|
| 30 | | 31 | | 1 | |

NOTES

THIS MONTH'S FOCUS

THIS MONTH'S FOCUS

MENTAL   PHYSICAL   SPIRITUAL

| 6 | 7 | 8 |
| 13 | 14 | 15 |
| 20 | 21 | 22 |
| 27 | 28 | 29 |

HABIT TRACKING    1  2  3  4  5  6  7  8  9  10  11  12  13  14  15  16  17  18  19  20  21  22  23  24  25  26  27  28  29  30  31

| THURSDAY | FRIDAY | SATURDAY | SUNDAY |
|---|---|---|---|
| **2** | **3** | **4** | **5** |
| **9** | **10** | **11** | **12** |
| **16** | **17** | **18** | **19** |
| **23** | **24** | **25** | **26** |
| **30** | **31** | **1** | **2** |

WK 18
WK 19
WK 20
WK 21
WK 22

**April**

| # | M | T | W | T | F | S | S |
|---|---|---|---|---|---|---|---|
| 14 | 1 | 2 | 3 | 4 | 5 | 6 | 7 |
| 15 | 8 | 9 | 10 | 11 | 12 | 13 | 14 |
| 16 | 15 | 16 | 17 | 18 | 19 | 20 | 21 |
| 17 | 22 | 23 | 24 | 25 | 26 | 27 | 28 |
| 18 | 29 | 30 | | | | | |

**June**

| # | M | T | W | T | F | S | S |
|---|---|---|---|---|---|---|---|
| 22 | | | | | | 1 | 2 |
| 23 | 3 | 4 | 5 | 6 | 7 | 8 | 9 |
| 24 | 10 | 11 | 12 | 13 | 14 | 15 | 16 |
| 25 | 17 | 18 | 19 | 20 | 21 | 22 | 23 |
| 26 | 24 | 25 | 26 | 27 | 28 | 29 | 30 |

AUG
SEP
OCT
NOV
DEC
JAN
FEB
MAR
APR
JUN
JUL

# june

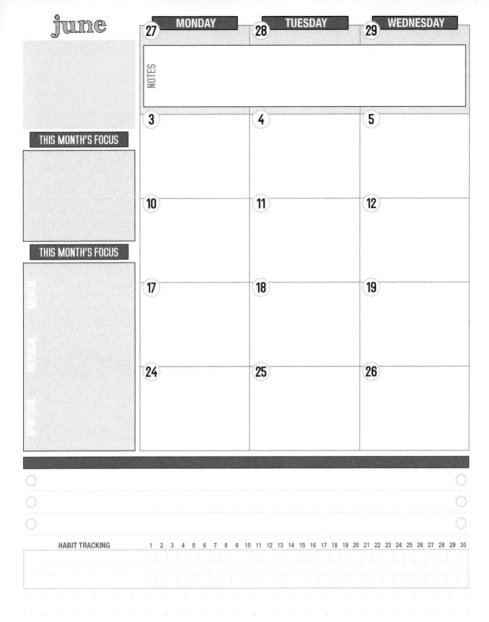

THIS MONTH'S FOCUS

THIS MONTH'S FOCUS

| | MONDAY 27 | TUESDAY 28 | WEDNESDAY 29 |
|---|---|---|---|
| NOTES | | | |
| | 3 | 4 | 5 |
| | 10 | 11 | 12 |
| | 17 | 18 | 19 |
| | 24 | 25 | 26 |

HABIT TRACKING    1  2  3  4  5  6  7  8  9  10  11  12  13  14  15  16  17  18  19  20  21  22  23  24  25  26  27  28  29  30

## THURSDAY 30

### May

| # | M | T | W | T | F | S | S |
|---|---|---|---|---|---|---|---|
| 18 | | | 1 | 2 | 3 | 4 | 5 |
| 19 | 6 | 7 | 8 | 9 | 10 | 11 | 12 |
| 20 | 13 | 14 | 15 | 16 | 17 | 18 | 19 |
| 21 | 20 | 21 | 22 | 23 | 24 | 25 | 26 |
| 22 | 27 | 28 | 29 | 30 | 31 | | |

## FRIDAY 31

### July

| # | M | T | W | T | F | S | S |
|---|---|---|---|---|---|---|---|
| 27 | 1 | 2 | 3 | 4 | 5 | 6 | 7 |
| 28 | 8 | 9 | 10 | 11 | 12 | 13 | 14 |
| 29 | 15 | 16 | 17 | 18 | 19 | 20 | 21 |
| 30 | 22 | 23 | 24 | 25 | 26 | 27 | 28 |
| 31 | 29 | 30 | 31 | | | | |

## SATURDAY 1

## SUNDAY 2

### 6 / 7 / 8 / 9

### 13 / 14 / 15 / 16

### 20 / 21 / 22 / 23

### 27 / 28 / 29 / 30

# july

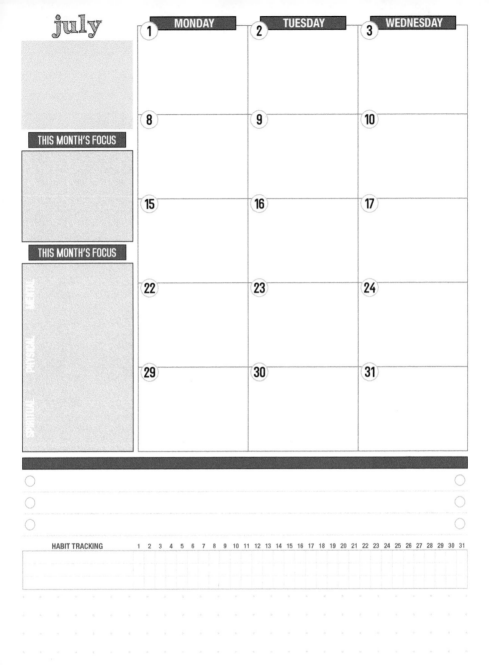

THIS MONTH'S FOCUS

THIS MONTH'S FOCUS

MENTAL

PHYSICAL

SPIRITUAL

| | MONDAY | TUESDAY | WEDNESDAY |
|---|---|---|---|
| | 1 | 2 | 3 |
| | 8 | 9 | 10 |
| | 15 | 16 | 17 |
| | 22 | 23 | 24 |
| | 29 | 30 | 31 |

HABIT TRACKING     1  2  3  4  5  6  7  8  9  10  11  12  13  14  15  16  17  18  19  20  21  22  23  24  25  26  27  28  29  30  31

| THURSDAY | FRIDAY | SATURDAY | SUNDAY |
|---|---|---|---|
| **4** | **5** | **6** | **7** |
| **11** | **12** | **13** | **14** |
| **18** | **19** | **20** | **21** |
| **25** | **26** | **27** | **28** |

**WK 27**
**WK 28**
**WK 29**
**WK 30**
**WK 31**

**1**

### June

| # | M | T | W | T | F | S | S |
|---|---|---|---|---|---|---|---|
| 22 |  |  |  |  |  | 1 | 2 |
| 23 | 3 | 4 | 5 | 6 | 7 | 8 | 9 |
| 24 | 10 | 11 | 12 | 13 | 14 | 15 | 16 |
| 25 | 17 | 18 | 19 | 20 | 21 | 22 | 23 |
| 26 | 24 | 25 | 26 | 27 | 28 | 29 | 30 |

**2**

### August

| # | M | T | W | T | F | S | S |
|---|---|---|---|---|---|---|---|
| 31 |  |  |  | 1 | 2 | 3 | 4 |
| 32 | 5 | 6 | 7 | 8 | 9 | 10 | 11 |
| 33 | 12 | 13 | 14 | 15 | 16 | 17 | 18 |
| 34 | 19 | 20 | 21 | 22 | 23 | 24 | 25 |
| 35 | 26 | 27 | 28 | 29 | 30 | 31 |  |

**3**

**4**

NOTES

AUG
SEP
OCT
NOV
DEC
JAN
FEB
MAR
APR
MAY
JUN

# august

## 2019-2020 SCHOOL YEAR PLAN AHEAD

### THIS MONTH'S FOCUS

### THIS MONTH'S FOCUS

| MONDAY | TUESDAY | WEDNESDAY |
|--------|---------|-----------|
| 29 | 30 | 31 |

NOTES

**July**

| # | M | T | W | T | F | S | S |
|---|---|---|---|---|---|---|---|
| | 1 | 2 | 3 | 4 | 5 | 6 | 7 |
| | 8 | 9 | 10 | 11 | 12 | 13 | 14 |
| | 15 | 16 | 17 | 18 | 19 | 20 | 21 |
| | 22 | 23 | 24 | 25 | 26 | 27 | 28 |
| | 29 | 30 | 31 | | | | |

| 5 | 6 | 7 |
|---|---|---|
| 12 | 13 | 14 |
| 19 | 20 | 21 |
| 26 | 27 | 28 |

BOOKS & CLASS PREP INFORMATION

| WK | THURSDAY | FRIDAY | SATURDAY | SUNDAY |
|---|---|---|---|---|
| WK 31 | 1 | 2 | 3 | 4 |
| WK 32 | 8 | 9 | 10 | 11 |
| WK 33 | 15 | 16 | 17 | 18 |
| WK 34 | 22 | 23 | 24 | 25 |
| WK 35 | 29 | 30 | 31 | 1 |

AUG SEP OCT NOV DEC JAN FEB

## CLASS REGISTRATION/PLANNING

| Class # | Class Name | Days | Hours | Location |
|---|---|---|---|---|
| | | | | |

## SEPTEMBER

| | | | OCTOBER | |
|---|---|---|---|---|
| S | 1 | | M | 1 |
| S | 2 | | T | 2 |
| M | 3 | | W | 3 |
| T | 4 | | T | 4 |
| W | 5 | | F | 5 |
| T | 6 | | S | 6 |
| F | 7 | | S | 7 |
| S | 8 | | M | 8 |
| S | 9 | | T | 9 |
| M | 10 | | W | 10 |
| T | 11 | | T | 11 |
| W | 12 | | F | 12 |
| T | 13 | | S | 13 |
| F | 14 | | S | 14 |
| S | 15 | | M | 15 |
| S | 16 | | T | 16 |
| M | 17 | | W | 17 |
| T | 18 | | T | 18 |
| W | 19 | | F | 19 |
| T | 20 | | S | 20 |
| F | 21 | | S | 21 |
| S | 22 | | M | 22 |
| S | 23 | | T | 23 |
| M | 24 | | W | 24 |
| T | 25 | | T | 25 |
| W | 26 | | F | 26 |
| T | 27 | | S | 27 |
| F | 28 | | S | 28 |
| S | 29 | | M | 29 |
| S | 30 | | T | 30 |
| | | | W | 31 |

## NOVEMBER

| | |
|---|---|
| T | 1 |
| F | 2 |
| S | 3 |
| S | 4 |
| M | 5 |
| T | 6 |
| W | 7 |
| T | 8 |
| F | 9 |
| S | 10 |
| S | 11 |
| M | 12 |
| T | 13 |
| W | 14 |
| T | 15 |
| F | 16 |
| S | 17 |
| S | 18 |
| M | 19 |
| T | 20 |
| W | 21 |
| T | 22 |
| F | 23 |
| S | 24 |
| S | 25 |
| M | 26 |
| T | 27 |
| W | 28 |
| T | 29 |
| F | 30 |

## DECEMBER

| | |
|---|---|
| S | 1 |
| S | 2 |
| M | 3 |
| T | 4 |
| W | 5 |
| T | 6 |
| F | 7 |
| S | 8 |
| S | 9 |
| M | 10 |
| T | 11 |
| W | 12 |
| T | 13 |
| F | 14 |
| S | 15 |
| S | 16 |
| M | 17 |
| T | 18 |
| W | 19 |
| T | 20 |
| F | 21 |
| S | 22 |
| S | 23 |
| M | 24 |
| T | 25 |
| W | 26 |
| T | 27 |
| F | 28 |
| S | 29 |
| S | 30 |
| M | 31 |

| MONDAY | TUESDAY | WEDNESDAY | THURSDAY | FRIDAY |
|--------|---------|-----------|----------|--------|
|        |         |           |          |        |
|        |         |           |          |        |
|        |         |           |          |        |
|        |         |           |          |        |
|        |         |           |          |        |
|        |         |           |          |        |

NOTES

| CLASS | TIME/LOCATION | INSTRUCTOR/EMAIL | OFFICE/HRS | FINAL EXAM |
|-------|---------------|------------------|------------|------------|
|       |               |                  |            |            |
|       |               |                  |            |            |
|       |               |                  |            |            |
|       |               |                  |            |            |
|       |               |                  |            |            |
|       |               |                  |            |            |
|       |               |                  |            |            |

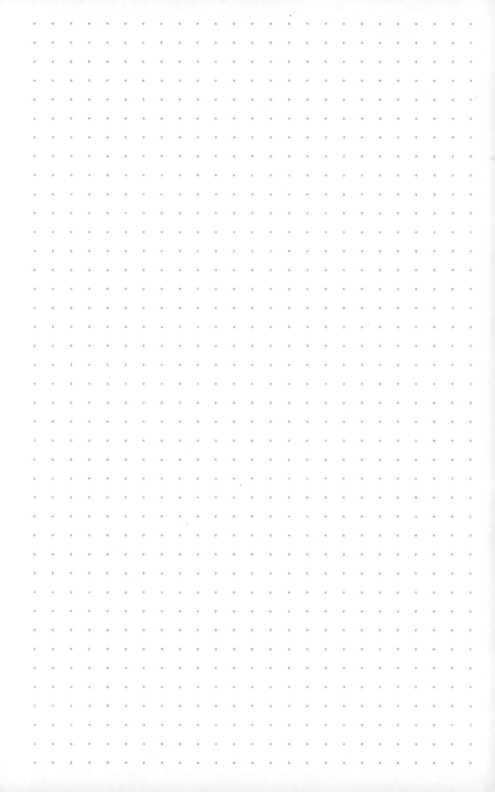

# august

| # | M | T | W | T | F | S | S |
|---|---|---|---|---|---|---|---|
| 31 | 30 | 31 | 1 | 2 | 3 | 4 | 5 |
| 32 | 6 | 7 | 8 | 9 | 10 | 11 | 12 |
| 33 | 13 | 14 | 15 | 16 | 17 | 18 | 19 |
| 34 | 20 | 21 | 22 | 23 | 24 | 25 | 26 |
| 35 | 27 | 28 | 29 | 30 | 31 | 1 | 2 |
| 36 | 3 | 4 | 5 | 6 | 7 | 8 | 9 |

## THIS WEEK'S FOCUS

## HABIT TRACKING

M T W T F S S

M T W T F S S

## NEXT WEEK'S DEADLINES

**30** MONDAY

**31** TUESDAY

**1** WEDNESDAY

H₂O ○ ○
○ ○ ○
○ ○ ○

H₂O ○ ○
○ ○ ○
○ ○ ○

H₂O ○ ○
○ ○ ○
○ ○ ○

7

8

9

10

11

12

1

2

3

4

5

6

7

8

9

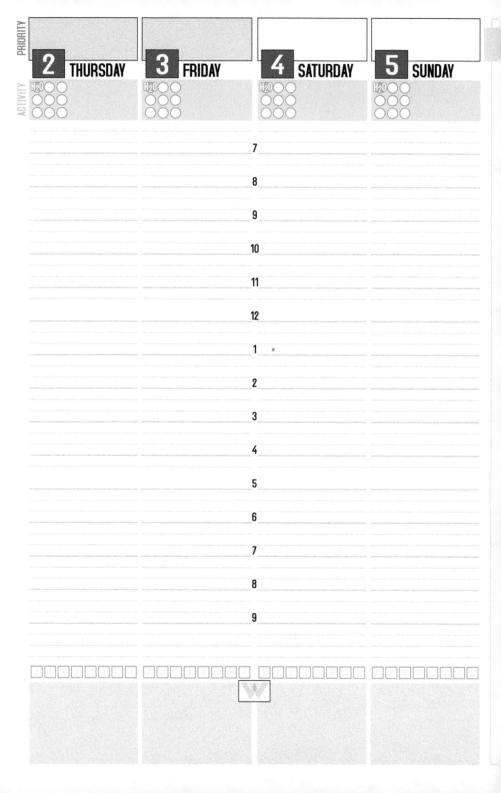

PRIORITY

ACTIVITY

**2** THURSDAY H₂O ○○ ○○○ ○○○

**3** FRIDAY H₂O ○○ ○○○ ○○○

**4** SATURDAY H₂O ○○ ○○○ ○○○

**5** SUNDAY H₂O ○○ ○○○ ○○○

7

8

9

10

11

12

1

2

3

4

5

6

7

8

9

# august

| # | M | T | W | T | F | S | S |
|---|---|---|---|---|---|---|---|
| 31 | 30 | 31 | 1 | 2 | 3 | 4 | 5 |
| 32 | 6 | 7 | 8 | 9 | 10 | 11 | 12 |
| 33 | 13 | 14 | 15 | 16 | 17 | 18 | 19 |
| 34 | 20 | 21 | 22 | 23 | 24 | 25 | 26 |
| 35 | 27 | 28 | 29 | 30 | 31 | 1 | 2 |
| 36 | 3 | 4 | 5 | 6 | 7 | 8 | 9 |

## THIS WEEK'S FOCUS

## HABIT TRACKING

M T W T F S S

M T W T F S S

## NEXT WEEK'S DEADLINES

**PRIORITY**

**ACTIVITY**

**6** MONDAY  H₂0 ◯◯ ◯◯◯ ◯◯◯

**7** TUESDAY  H₂0 ◯◯ ◯◯◯ ◯◯◯

**8** WEDNESDAY  H₂0 ◯◯ ◯◯◯ ◯◯◯

7

8

9

10

11

12

1

2

3

4

5

6

7

8

9

**9** THURSDAY

**10** FRIDAY

**11** SATURDAY

**12** SUNDAY

H₂O ○ ○
○ ○ ○
○ ○ ○

H₂O ○ ○
○ ○ ○
○ ○ ○

H₂O ○ ○
○ ○ ○
○ ○ ○

H₂O ○ ○
○ ○ ○
○ ○ ○

7

8

9

10

11

12

1

2

3

4

5

6

7

8

9

# august

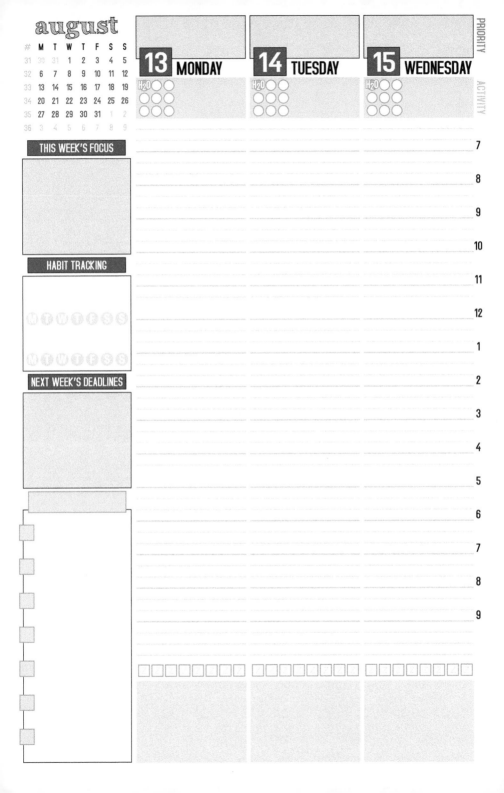

| # | M | T | W | T | F | S | S |
|---|---|---|---|---|---|---|---|
| 31 | 30 | 31 | 1 | 2 | 3 | 4 | 5 |
| 32 | 6 | 7 | 8 | 9 | 10 | 11 | 12 |
| 33 | 13 | 14 | 15 | 16 | 17 | 18 | 19 |
| 34 | 20 | 21 | 22 | 23 | 24 | 25 | 26 |
| 35 | 27 | 28 | 29 | 30 | 31 | 1 | 2 |
| 36 | 3 | 4 | 5 | 6 | 7 | 8 | 9 |

## THIS WEEK'S FOCUS

## HABIT TRACKING

M T W T F S S

M T W T F S S

## NEXT WEEK'S DEADLINES

**PRIORITY**

**ACTIVITY**

**13** MONDAY

H₂0

**14** TUESDAY

H₂0

**15** WEDNESDAY

H₂0

7

8

9

10

11

12

1

2

3

4

5

6

7

8

9

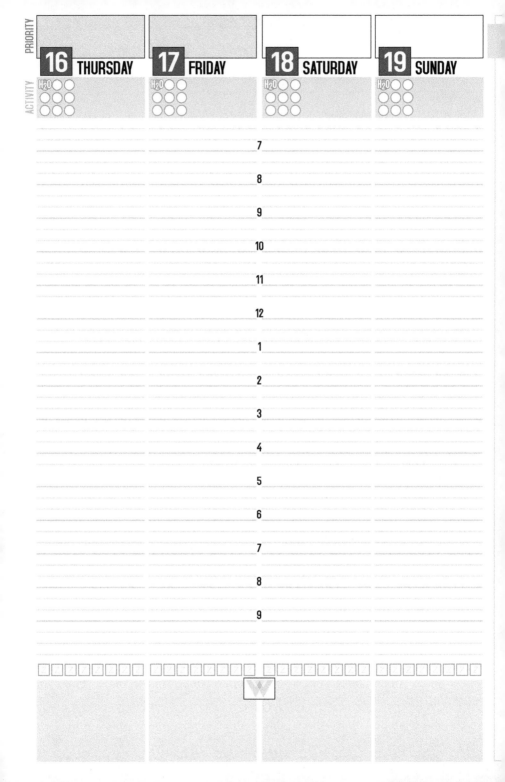

**16** THURSDAY  H₂O ○○ ○○○ ○○○

**17** FRIDAY  H₂O ○○ ○○○ ○○○

**18** SATURDAY  H₂O ○○ ○○○ ○○○

**19** SUNDAY  H₂O ○○ ○○○ ○○○

PRIORITY

ACTIVITY

7

8

9

10

11

12

1

2

3

4

5

6

7

8

9

# august

| # | M | T | W | T | F | S | S |
|---|---|---|---|---|---|---|---|
| 31 | 30 | 31 | 1 | 2 | 3 | 4 | 5 |
| 32 | 6 | 7 | 8 | 9 | 10 | 11 | 12 |
| 33 | 13 | 14 | 15 | 16 | 17 | 18 | 19 |
| 34 | 20 | 21 | 22 | 23 | 24 | 25 | 26 |
| 35 | 27 | 28 | 29 | 30 | 31 | 1 | 2 |
| 36 | 3 | 4 | 5 | 6 | 7 | 8 | 9 |

**PRIORITY**

## 20 MONDAY
H₂0

## 21 TUESDAY
H₂0

## 22 WEDNESDAY
H₂0

**ACTIVITY**

## THIS WEEK'S FOCUS

## HABIT TRACKING

M T W T F S S

M T W T F S S

## NEXT WEEK'S DEADLINES

7

8

9

10

11

12

1

2

3

4

5

6

7

8

9

**23** THURSDAY

**24** FRIDAY

**25** SATURDAY

**26** SUNDAY

H₂O ○ ○
○ ○ ○
○ ○ ○

H₂O ○ ○
○ ○ ○
○ ○ ○

H₂O ○ ○
○ ○ ○
○ ○ ○

H₂O ○ ○
○ ○ ○
○ ○ ○

7

8

9

10

11

12

1

2

3

4

5

6

7

8

9

W

# aug-sept

| # | M | T | W | T | F | S | S |
|---|---|---|---|---|---|---|---|
| 33 | 13 | 14 | 15 | 16 | 17 | 18 | 19 |
| 34 | 20 | 21 | 22 | 23 | 24 | 25 | 26 |
| 35 | 27 | 28 | 29 | 30 | 31 | 1 | 2 |
| 36 | 3 | 4 | 5 | 6 | 7 | 8 | 9 |
| 37 | 10 | 11 | 12 | 13 | 14 | 15 | 16 |
| 38 | 17 | 18 | 19 | 20 | 21 | 22 | 23 |

## THIS WEEK'S FOCUS

## HABIT TRACKING

M T W T F S S

M T W T F S S

## NEXT WEEK'S DEADLINES

**PRIORITY**

**27** MONDAY

**28** TUESDAY

**29** WEDNESDAY

H20 ○ ○
○ ○ ○
○ ○ ○

H20 ○ ○
○ ○ ○
○ ○ ○

H20 ○ ○
○ ○ ○
○ ○ ○

**ACTIVITY**

7
8
9
10
11
12
1
2
3
4
5
6
7
8
9

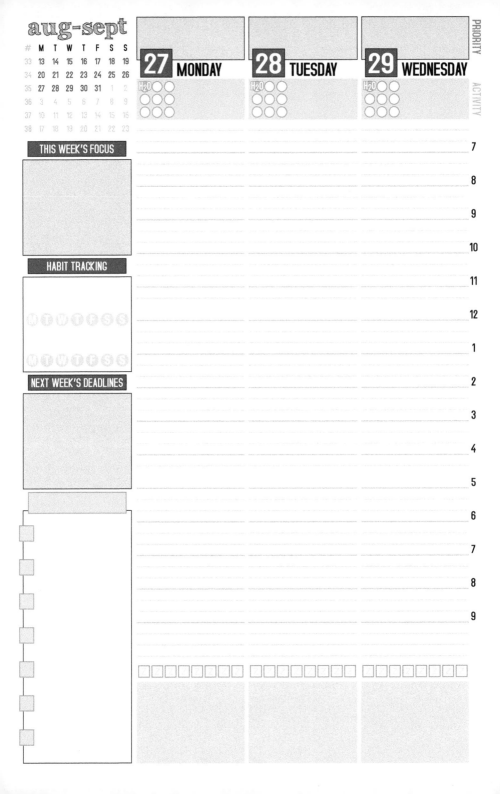

**30** THURSDAY  **31** FRIDAY  **1** SATURDAY  **2** SUNDAY

H₂O ○ ○  H₂O ○ ○  H₂O ○ ○  H₂O ○ ○
○ ○ ○  ○ ○ ○  ○ ○ ○  ○ ○ ○
○ ○ ○  ○ ○ ○  ○ ○ ○  ○ ○ ○

7

8

9

10

11

12

1

2

3

4

5

6

7

8

9

W

# september

| # | M | T | W | T | F | S | S |
|---|---|---|---|---|---|---|---|
| 35 | 27 | 28 | 29 | 30 | 31 | 1 | 2 |
| 36 | 3 | 4 | 5 | 6 | 7 | 8 | 9 |
| 37 | 10 | 11 | 12 | 13 | 14 | 15 | 16 |
| 38 | 17 | 18 | 19 | 20 | 21 | 22 | 23 |
| 39 | 24 | 25 | 26 | 27 | 28 | 29 | 30 |
| 40 | 1 | 2 | 3 | 4 | 5 | 6 | 7 |

## THIS WEEK'S FOCUS

## HABIT TRACKING

M T W T F S S

M T W T F S S

## NEXT WEEK'S DEADLINES

**PRIORITY**

**3 MONDAY**  **4 TUESDAY**  **5 WEDNESDAY**

H₂O ○ ○    H₂O ○ ○    H₂O ○ ○
○ ○ ○      ○ ○ ○      ○ ○ ○
○ ○ ○      ○ ○ ○      ○ ○ ○

**ACTIVITY**

7

8

9

10

11

12

1

2

3

4

5

6

7

8

9

**6** THURSDAY  H₂O ○ ○ ○ ○ ○

**7** FRIDAY  H₂O ○ ○ ○ ○ ○

**8** SATURDAY  H₂O ○ ○ ○ ○ ○

**9** SUNDAY  H₂O ○ ○ ○ ○ ○

7

8

9

10

11

12

1

2

3

4

5

6

7

8

9

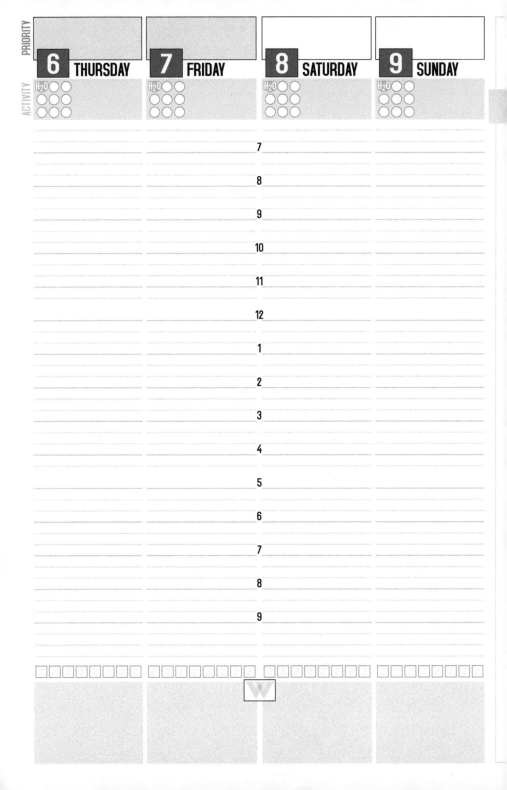

# september

| # | M | T | W | T | F | S | S |
|---|---|---|---|---|---|---|---|
| 35 | 27 | 28 | 29 | 30 | 31 | 1 | 2 |
| 36 | 3 | 4 | 5 | 6 | 7 | 8 | 9 |
| 37 | 10 | 11 | 12 | 13 | 14 | 15 | 16 |
| 38 | 17 | 18 | 19 | 20 | 21 | 22 | 23 |
| 39 | 24 | 25 | 26 | 27 | 28 | 29 | 30 |
| 40 | 1 | 2 | 3 | 4 | 5 | 6 | 7 |

## THIS WEEK'S FOCUS

## HABIT TRACKING

M T W T F S S

M T W T F S S

## NEXT WEEK'S DEADLINES

**10** MONDAY

H2O ○ ○
○ ○ ○
○ ○ ○

**11** TUESDAY

H2O ○ ○
○ ○ ○
○ ○ ○

**12** WEDNESDAY

H2O ○ ○
○ ○ ○
○ ○ ○

PRIORITY

ACTIVITY

7

8

9

10

11

12

1

2

3

4

5

6

7

8

9

## 13 THURSDAY

## 14 FRIDAY

## 15 SATURDAY

## 16 SUNDAY

H₂O ○ ○
○ ○ ○
○ ○ ○

H₂O ○ ○
○ ○ ○
○ ○ ○

H₂O ○ ○
○ ○ ○
○ ○ ○

H₂O ○ ○
○ ○ ○
○ ○ ○

7

8

9

10

11

12

1

2

3

4

5

6

7

8

9

W

# september

| # | M | T | W | T | F | S | S |
|---|---|---|---|---|---|---|---|
| 35 | 27 | 28 | 29 | 30 | 31 | 1 | 2 |
| 36 | 3 | 4 | 5 | 6 | 7 | 8 | 9 |
| 37 | 10 | 11 | 12 | 13 | 14 | 15 | 16 |
| 38 | 17 | 18 | 19 | 20 | 21 | 22 | 23 |
| 39 | 24 | 25 | 26 | 27 | 28 | 29 | 30 |
| 40 | 1 | 2 | 3 | 4 | 5 | 6 | 7 |

**PRIORITY**

**ACTIVITY**

**17 MONDAY**

**18 TUESDAY**

**19 WEDNESDAY**

H2O

## THIS WEEK'S FOCUS

## HABIT TRACKING

M T W T F S S

M T W T F S S

## NEXT WEEK'S DEADLINES

7

8

9

10

11

12

1

2

3

4

5

6

7

8

9

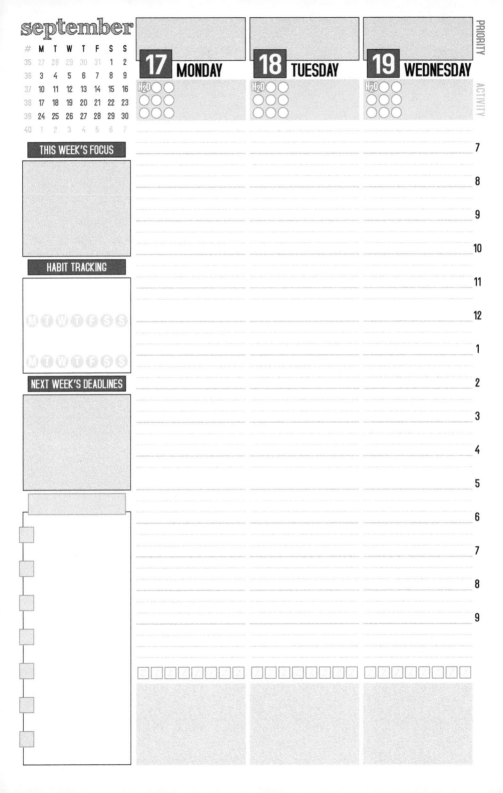

**20** THURSDAY

**21** FRIDAY

**22** SATURDAY

**23** SUNDAY

H₂O ○ ○
○ ○ ○
○ ○ ○

H₂O ○ ○
○ ○ ○
○ ○ ○

H₂O ○ ○
○ ○ ○
○ ○ ○

H₂O ○ ○
○ ○ ○
○ ○ ○

7

8

9

10

11

12

1

2

3

4

5

6

7

8

9

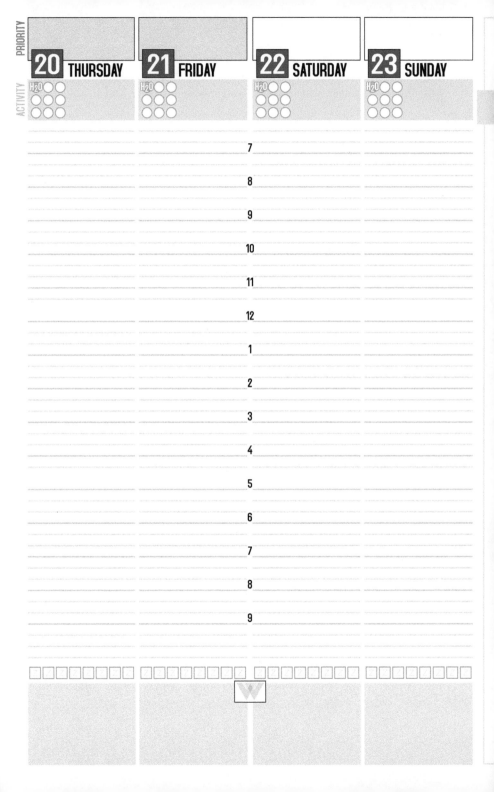

# september

| # | M | T | W | T | F | S | S |
|---|---|---|---|---|---|---|---|
| 36 | 3 | 4 | 5 | 6 | 7 | 8 | 9 |
| 37 | 10 | 11 | 12 | 13 | 14 | 15 | 16 |
| 38 | 17 | 18 | 19 | 20 | 21 | 22 | 23 |
| 39 | 24 | 25 | 26 | 27 | 28 | 29 | 30 |
| 40 | 1 | 2 | 3 | 4 | 5 | 6 | 7 |
| 41 | 8 | 9 | 10 | 11 | 12 | 13 | 14 |

## THIS WEEK'S FOCUS

## HABIT TRACKING

M T W T F S S

M T W T F S S

## NEXT WEEK'S DEADLINES

PRIORITY

ACTIVITY

**24** MONDAY

H₂O ○ ○
○ ○ ○
○ ○ ○

**25** TUESDAY

H₂O ○ ○
○ ○ ○
○ ○ ○

**26** WEDNESDAY

H₂O ○ ○
○ ○ ○
○ ○ ○

7

8

9

10

11

12

1

2

3

4

5

6

7

8

9

**27** THURSDAY   **28** FRIDAY   **29** SATURDAY   **30** SUNDAY

H₂0 ○ ○    H₂0 ○ ○    H₂0 ○ ○    H₂0 ○ ○
○ ○ ○    ○ ○ ○    ○ ○ ○    ○ ○ ○
○ ○ ○    ○ ○ ○    ○ ○ ○    ○ ○ ○

7

8

9

10

11

12

1

2

3

4

5

6

7

8

9

W

# october

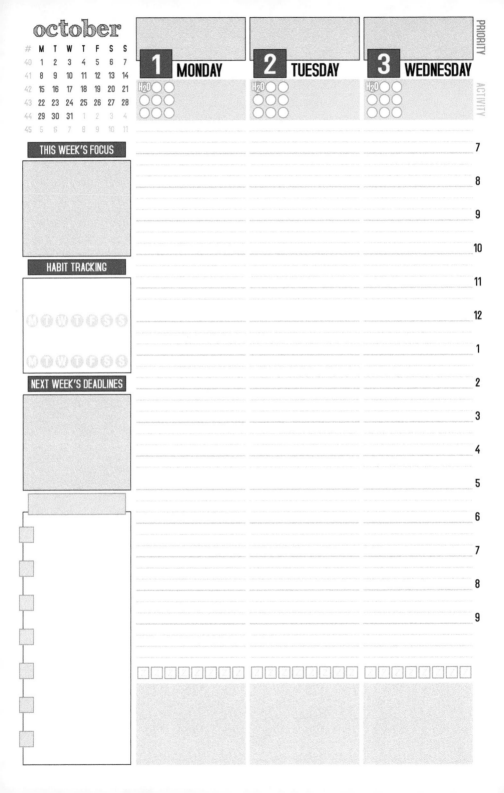

| # | M | T | W | T | F | S | S |
|---|---|---|---|---|---|---|---|
| 40 | 1 | 2 | 3 | 4 | 5 | 6 | 7 |
| 41 | 8 | 9 | 10 | 11 | 12 | 13 | 14 |
| 42 | 15 | 16 | 17 | 18 | 19 | 20 | 21 |
| 43 | 22 | 23 | 24 | 25 | 26 | 27 | 28 |
| 44 | 29 | 30 | 31 | 1 | 2 | 3 | 4 |
| 45 | 5 | 6 | 7 | 8 | 9 | 10 | 11 |

## THIS WEEK'S FOCUS

## HABIT TRACKING

M T W T F S S

M T W T F S S

## NEXT WEEK'S DEADLINES

**PRIORITY**

**ACTIVITY**

**1 MONDAY**  H₂O

**2 TUESDAY**  H₂O

**3 WEDNESDAY**  H₂O

7

8

9

10

11

12

1

2

3

4

5

6

7

8

9

**PRIORITY**

**ACTIVITY**

| **4** THURSDAY | **5** FRIDAY | **6** SATURDAY | **7** SUNDAY |
|---|---|---|---|
| H₂O ○ ○ ○ ○ ○ | H₂O ○ ○ ○ ○ ○ | H₂O ○ ○ ○ ○ ○ | H₂O ○ ○ ○ ○ ○ |

7

8

9

10

11

12

1

2

3

4

5

6

7

8

9

W

# october

| # | M | T | W | T | F | S | S |
|---|---|---|---|---|---|---|---|
| 40 | 1 | 2 | 3 | 4 | 5 | 6 | 7 |
| 41 | 8 | 9 | 10 | 11 | 12 | 13 | 14 |
| 42 | 15 | 16 | 17 | 18 | 19 | 20 | 21 |
| 43 | 22 | 23 | 24 | 25 | 26 | 27 | 28 |
| 44 | 29 | 30 | 31 | 1 | 2 | 3 | 4 |
| 45 | 5 | 6 | 7 | 8 | 9 | 10 | 11 |

## THIS WEEK'S FOCUS

## HABIT TRACKING

M T W T F S S

M T W T F S S

## NEXT WEEK'S DEADLINES

**PRIORITY**

**ACTIVITY**

**8** MONDAY

H₂0 ○○ ○○○ ○○○

**9** TUESDAY

H₂0 ○○ ○○○ ○○○

**10** WEDNESDAY

H₂0 ○○ ○○○ ○○○

7

8

9

10

11

12

1

2

3

4

5

6

7

8

9

**11** THURSDAY

**12** FRIDAY

**13** SATURDAY

**14** SUNDAY

H₂O ○ ○
○ ○ ○
○ ○ ○

H₂O ○ ○
○ ○ ○
○ ○ ○

H₂O ○ ○
○ ○ ○
○ ○ ○

H₂O ○ ○
○ ○ ○
○ ○ ○

7

8

9

10

11

12

1

2

3

4

5

6

7

8

9

☐☐☐☐☐☐☐☐  ☐☐☐☐☐☐☐☐  ☐☐☐☐☐☐☐☐  ☐☐☐☐☐☐☐☐

W

# october

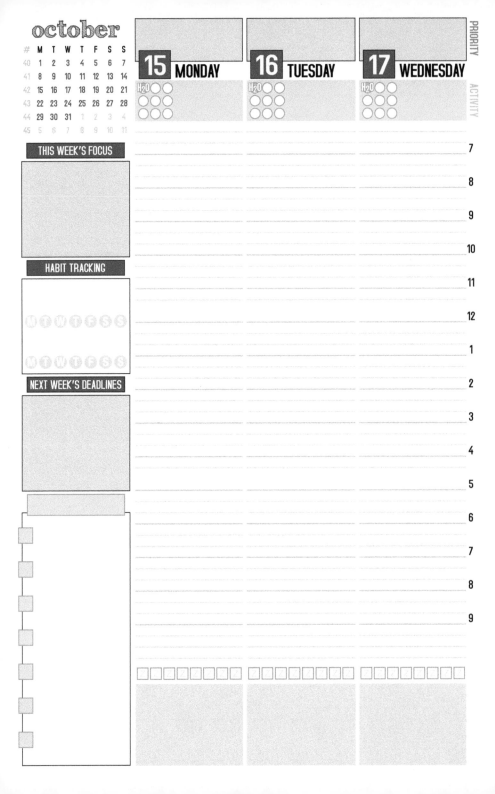

| # | M | T | W | T | F | S | S |
|---|---|---|---|---|---|---|---|
| 40 | 1 | 2 | 3 | 4 | 5 | 6 | 7 |
| 41 | 8 | 9 | 10 | 11 | 12 | 13 | 14 |
| 42 | 15 | 16 | 17 | 18 | 19 | 20 | 21 |
| 43 | 22 | 23 | 24 | 25 | 26 | 27 | 28 |
| 44 | 29 | 30 | 31 | 1 | 2 | 3 | 4 |
| 45 | 5 | 6 | 7 | 8 | 9 | 10 | 11 |

## THIS WEEK'S FOCUS

## HABIT TRACKING

M T W T F S S

M T W T F S S

## NEXT WEEK'S DEADLINES

**PRIORITY**

**ACTIVITY**

**15 MONDAY**

H₂0

**16 TUESDAY**

H₂0

**17 WEDNESDAY**

H₂0

7
8
9
10
11
12
1
2
3
4
5
6
7
8
9

# PRIORITY

## ACTIVITY

**18** THURSDAY

**19** FRIDAY

**20** SATURDAY

**21** SUNDAY

H₂O ○ ○
○ ○ ○
○ ○ ○

H₂O ○ ○
○ ○ ○
○ ○ ○

H₂O ○ ○
○ ○ ○
○ ○ ○

H₂O ○ ○
○ ○ ○
○ ○ ○

7

8

9

10

11

12

1

2

3

4

5

6

7

8

9

# october

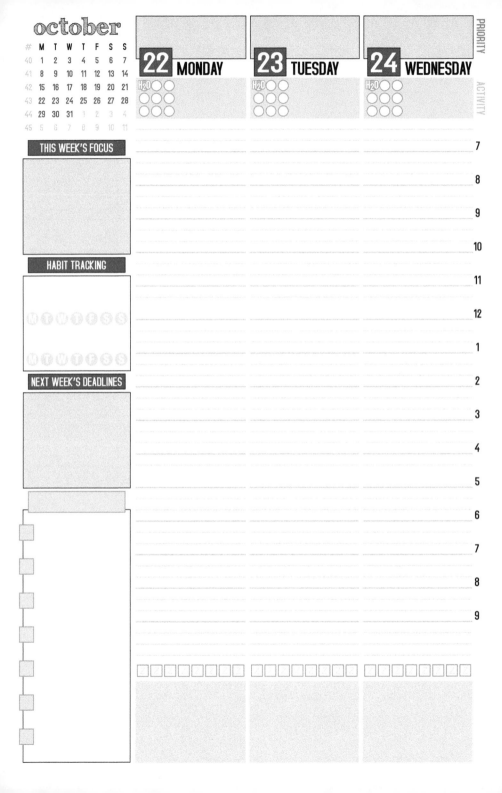

| # | M | T | W | T | F | S | S |
|---|---|---|---|---|---|---|---|
| 40 | 1 | 2 | 3 | 4 | 5 | 6 | 7 |
| 41 | 8 | 9 | 10 | 11 | 12 | 13 | 14 |
| 42 | 15 | 16 | 17 | 18 | 19 | 20 | 21 |
| 43 | 22 | 23 | 24 | 25 | 26 | 27 | 28 |
| 44 | 29 | 30 | 31 | 1 | 2 | 3 | 4 |
| 45 | 5 | 6 | 7 | 8 | 9 | 10 | 11 |

## THIS WEEK'S FOCUS

## HABIT TRACKING

M T W T F S S

M T W T F S S

## NEXT WEEK'S DEADLINES

**PRIORITY**

**ACTIVITY**

**22 MONDAY**

H₂0

**23 TUESDAY**

H₂0

**24 WEDNESDAY**

H₂0

7

8

9

10

11

12

1

2

3

4

5

6

7

8

9

**25** THURSDAY  H₂O ◯◯ ◯◯◯ ◯◯◯

**26** FRIDAY  H₂O ◯◯ ◯◯◯ ◯◯◯

**27** SATURDAY  H₂O ◯◯ ◯◯◯ ◯◯◯

**28** SUNDAY  H₂O ◯◯ ◯◯◯ ◯◯◯

7

8

9

10

11

12

1

2

3

4

5

6

7

8

9

# oct-nov

| # | M | T | W | T | F | S | S |
|----|----|----|----|----|----|----|----|
| 41 | 8 | 9 | 10 | 11 | 12 | 13 | 14 |
| 42 | 15 | 16 | 17 | 18 | 19 | 20 | 21 |
| 43 | 22 | 23 | 24 | 25 | 26 | 27 | 28 |
| 44 | 29 | 30 | 31 | 1 | 2 | 3 | 4 |
| 45 | 5 | 6 | 7 | 8 | 9 | 10 | 11 |
| 46 | 12 | 13 | 14 | 15 | 16 | 17 | 18 |

**29** MONDAY
H₂O ○○ ○○○

**30** TUESDAY
H₂O ○○ ○○○

**31** WEDNESDAY
H₂O ○○ ○○○

## THIS WEEK'S FOCUS

## HABIT TRACKING

M T W T F S S

M T W T F S S

## NEXT WEEK'S DEADLINES

7

8

9

10

11

12

1

2

3

4

5

6

7

8

9

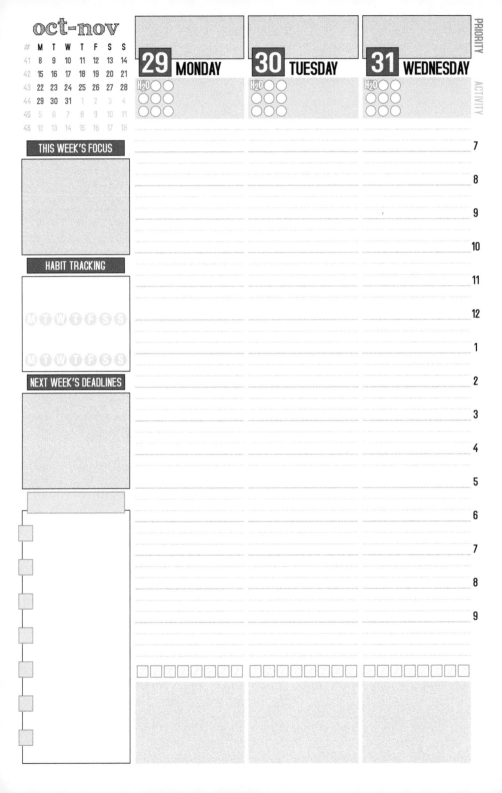

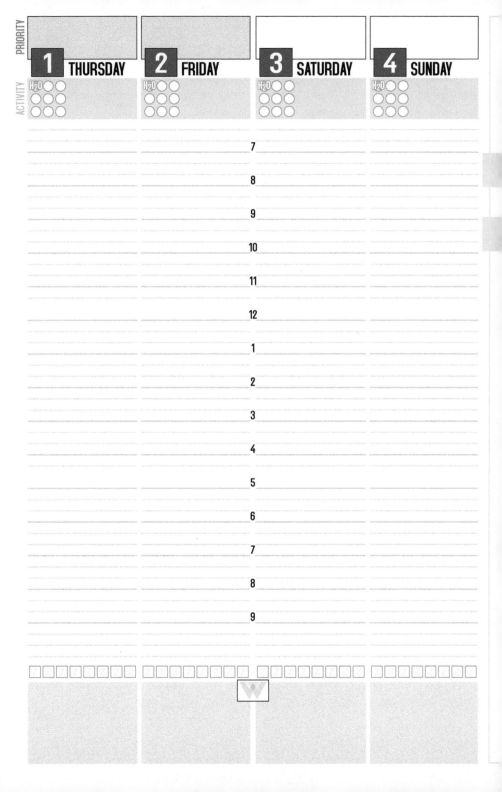

| 1 THURSDAY | 2 FRIDAY | 3 SATURDAY | 4 SUNDAY |
|---|---|---|---|
| H₂O ○ ○ | H₂O ○ ○ | H₂O ○ ○ | H₂O ○ ○ |
| ○ ○ ○ | ○ ○ ○ | ○ ○ ○ | ○ ○ ○ |
| ○ ○ ○ | ○ ○ ○ | ○ ○ ○ | ○ ○ ○ |

PRIORITY

ACTIVITY

7
8
9
10
11
12
1
2
3
4
5
6
7
8
9

# november

| # | M | T | W | T | F | S | S |
|---|---|---|---|---|---|---|---|
| 44 | 29 | 30 | 31 | 1 | 2 | 3 | 4 |
| 45 | 5 | 6 | 7 | 8 | 9 | 10 | 11 |
| 46 | 12 | 13 | 14 | 15 | 16 | 17 | 18 |
| 47 | 19 | 20 | 21 | 22 | 23 | 24 | 25 |
| 48 | 26 | 27 | 28 | 29 | 30 | 1 | 2 |
| 49 | 3 | 4 | 5 | 6 | 7 | 8 | 9 |

**PRIORITY**

**5 MONDAY**

**6 TUESDAY**

**7 WEDNESDAY**

**ACTIVITY**

H₂O

## THIS WEEK'S FOCUS

## HABIT TRACKING

M T W T F S S

M T W T F S S

## NEXT WEEK'S DEADLINES

7

8

9

10

11

12

1

2

3

4

5

6

7

8

9

| **8** THURSDAY | **9** FRIDAY | **10** SATURDAY | **11** SUNDAY |
|---|---|---|---|
| H₂O ○ ○ / ○ ○ ○ / ○ ○ ○ | H₂O ○ ○ / ○ ○ ○ / ○ ○ ○ | H₂O ○ ○ / ○ ○ ○ / ○ ○ ○ | H₂O ○ ○ / ○ ○ ○ / ○ ○ ○ |

7

8

9

10

11

12

1

2

3

4

5

6

7

8

9

# november

| # | M | T | W | T | F | S | S |
|---|---|---|---|---|---|---|---|
| 44 | 29 | 30 | 31 | 1 | 2 | 3 | 4 |
| 45 | 5 | 6 | 7 | 8 | 9 | 10 | 11 |
| 46 | 12 | 13 | 14 | 15 | 16 | 17 | 18 |
| 47 | 19 | 20 | 21 | 22 | 23 | 24 | 25 |
| 48 | 26 | 27 | 28 | 29 | 30 | 1 | 2 |
| 49 | 3 | 4 | 5 | 6 | 7 | 8 | 9 |

## THIS WEEK'S FOCUS

## HABIT TRACKING

M T W T F S S

M T W T F S S

## NEXT WEEK'S DEADLINES

**PRIORITY**

**ACTIVITY**

**12** MONDAY

H₂0 ◯ ◯
◯ ◯ ◯
◯ ◯ ◯

**13** TUESDAY

H₂0 ◯ ◯
◯ ◯ ◯
◯ ◯ ◯

**14** WEDNESDAY

H₂0 ◯ ◯
◯ ◯ ◯
◯ ◯ ◯

7

8

9

10

11

12

1

2

3

4

5

6

7

8

9

**15** THURSDAY  H₂O ◯◯ ◯◯◯ ◯◯◯

**16** FRIDAY  H₂O ◯◯ ◯◯◯ ◯◯◯

**17** SATURDAY  H₂O ◯◯ ◯◯◯ ◯◯◯

**18** SUNDAY  H₂O ◯◯ ◯◯◯ ◯◯◯

7

8

9

10

11

12

1

2

3

4

5

6

7

8

9

# november

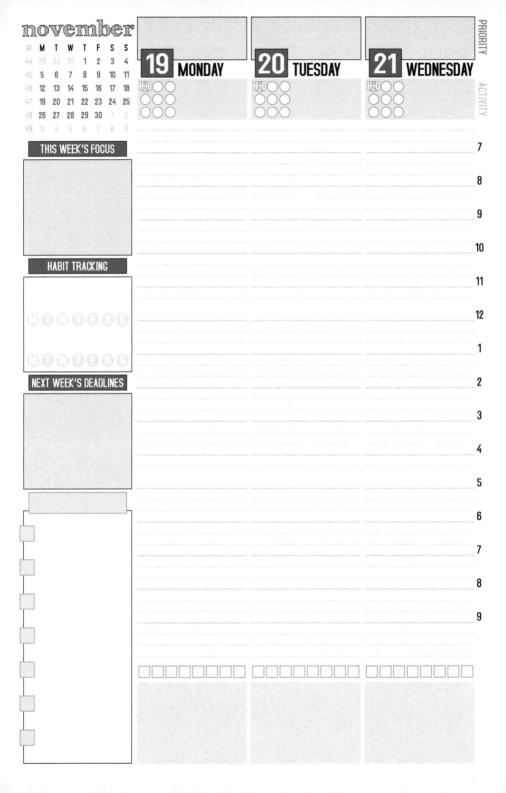

| # | M | T | W | T | F | S | S |
|---|---|---|---|---|---|---|---|
| 44 | 29 | 30 | 31 | 1 | 2 | 3 | 4 |
| 45 | 5 | 6 | 7 | 8 | 9 | 10 | 11 |
| 46 | 12 | 13 | 14 | 15 | 16 | 17 | 18 |
| 47 | 19 | 20 | 21 | 22 | 23 | 24 | 25 |
| 48 | 26 | 27 | 28 | 29 | 30 | 1 | 2 |
| 49 | 3 | 4 | 5 | 6 | 7 | 8 | 9 |

**PRIORITY**

**ACTIVITY**

**19** MONDAY

H₂O ◯ ◯
◯ ◯ ◯
◯ ◯ ◯

**20** TUESDAY

H₂O ◯ ◯
◯ ◯ ◯
◯ ◯ ◯

**21** WEDNESDAY

H₂O ◯ ◯
◯ ◯ ◯
◯ ◯ ◯

## THIS WEEK'S FOCUS

## HABIT TRACKING

M T W T F S S

M T W T F S S

## NEXT WEEK'S DEADLINES

7

8

9

10

11

12

1

2

3

4

5

6

7

8

9

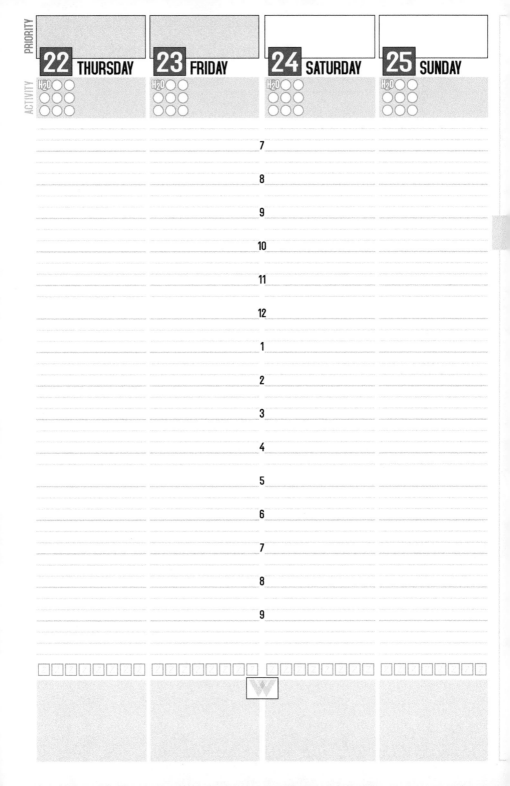

**PRIORITY**

**ACTIVITY**

**22** THURSDAY  H₂O ◯◯ ◯◯◯ ◯◯◯

**23** FRIDAY  H₂O ◯◯ ◯◯◯ ◯◯◯

**24** SATURDAY  H₂O ◯◯ ◯◯◯ ◯◯◯

**25** SUNDAY  H₂O ◯◯ ◯◯◯ ◯◯◯

7

8

9

10

11

12

1

2

3

4

5

6

7

8

9

W

# nov-dec

| # | M | T | W | T | F | S | S |
|---|---|---|---|---|---|---|---|
| 45 | 5 | 6 | 7 | 8 | 9 | 10 | 11 |
| 46 | 12 | 13 | 14 | 15 | 16 | 17 | 18 |
| 47 | 19 | 20 | 21 | 22 | 23 | 24 | 25 |
| 48 | 26 | 27 | 28 | 29 | 30 | 1 | 2 |
| 49 | 3 | 4 | 5 | 6 | 7 | 8 | 9 |
| 50 | 10 | 11 | 12 | 13 | 14 | 15 | 16 |

**THIS WEEK'S FOCUS**

**HABIT TRACKING**

**NEXT WEEK'S DEADLINES**

**PRIORITY**

**ACTIVITY**

## 26 MONDAY
H₂O ○ ○

## 27 TUESDAY
H₂O ○ ○

## 28 WEDNESDAY
H₂O ○ ○

7

8

9

10

11

12

1

2

3

4

5

6

7

8

9

**29** THURSDAY

**30** FRIDAY

**1** SATURDAY

**2** SUNDAY

H₂0 ○ ○
○ ○ ○
○ ○ ○

H₂0 ○ ○
○ ○ ○
○ ○ ○

H₂0 ○ ○
○ ○ ○
○ ○ ○

H₂0 ○ ○
○ ○ ○
○ ○ ○

7

8

9

10

11

12

1

2

3

4

5

6

7

8

9

W

# december

| # | M | T | W | T | F | S | S |
|---|---|---|---|---|---|---|---|
| 48 | 26 | 27 | 28 | 29 | 30 | 1 | 2 |
| 49 | 3 | 4 | 5 | 6 | 7 | 8 | 9 |
| 50 | 10 | 11 | 12 | 13 | 14 | 15 | 16 |
| 51 | 17 | 18 | 19 | 20 | 21 | 22 | 23 |
| 52 | 24 | 25 | 26 | 27 | 28 | 29 | 30 |
| 1 | 31 | 1 | 2 | 3 | 4 | 5 | 6 |

## THIS WEEK'S FOCUS

## HABIT TRACKING

M T W T F S S

M T W T F S S

## NEXT WEEK'S DEADLINES

**3 MONDAY**

H2O ◯ ◯
◯ ◯ ◯
◯ ◯ ◯

**4 TUESDAY**

H2O ◯ ◯
◯ ◯ ◯
◯ ◯ ◯

**5 WEDNESDAY**

H2O ◯ ◯
◯ ◯ ◯
◯ ◯ ◯

7

8

9

10

11

12

1

2

3

4

5

6

7

8

9

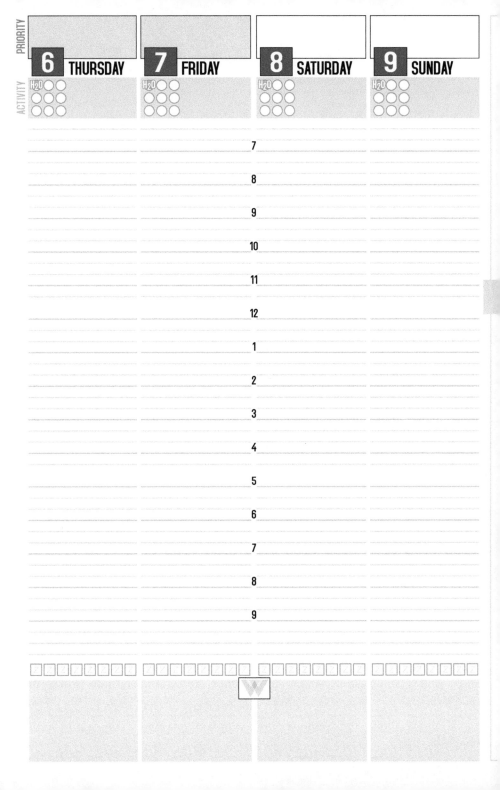

| PRIORITY | | | |
|---|---|---|---|
| **6** THURSDAY | **7** FRIDAY | **8** SATURDAY | **9** SUNDAY |

ACTIVITY

H₂O ○○
○○○
○○○

H₂O ○○
○○○
○○○

H₂O ○○
○○○
○○○

H₂O ○○
○○○
○○○

7
8
9
10
11
12
1
2
3
4
5
6
7
8
9

# december

| # | M | T | W | T | F | S | S |
|---|---|---|---|---|---|---|---|
| 48 | 26 | 27 | 28 | 29 | 10 | 1 | 2 |
| 49 | 3 | 4 | 5 | 6 | 7 | 8 | 9 |
| 50 | 10 | 11 | 12 | 13 | 14 | 15 | 16 |
| 51 | 17 | 18 | 19 | 20 | 21 | 22 | 23 |
| 52 | 24 | 25 | 26 | 27 | 28 | 29 | 30 |
| 1 | 31 | 1 | 2 | 3 | 4 | 5 | 6 |

**PRIORITY**

**ACTIVITY**

**10 MONDAY**

**11 TUESDAY**

**12 WEDNESDAY**

H₂0

THIS WEEK'S FOCUS

HABIT TRACKING

M T W T F S S

M T W T F S S

NEXT WEEK'S DEADLINES

7
8
9
10
11
12
1
2
3
4
5
6
7
8
9

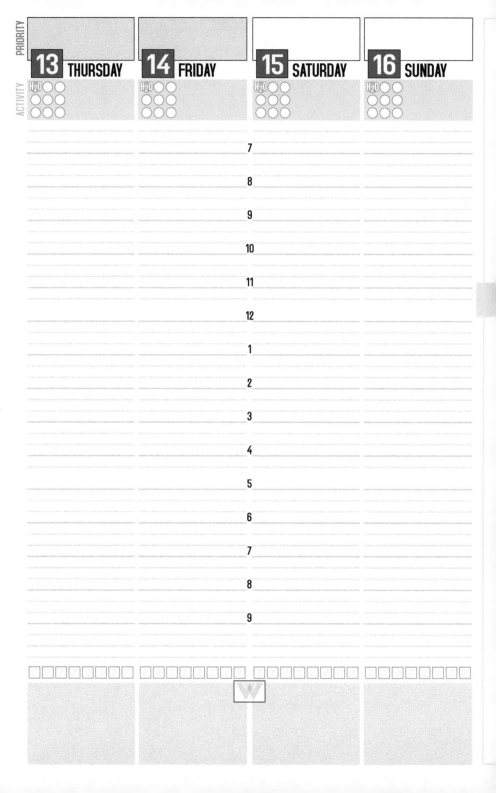

**PRIORITY**

**ACTIVITY**

**13** THURSDAY

**14** FRIDAY

**15** SATURDAY

**16** SUNDAY

H₂O

7

8

9

10

11

12

1

2

3

4

5

6

7

8

9

# december

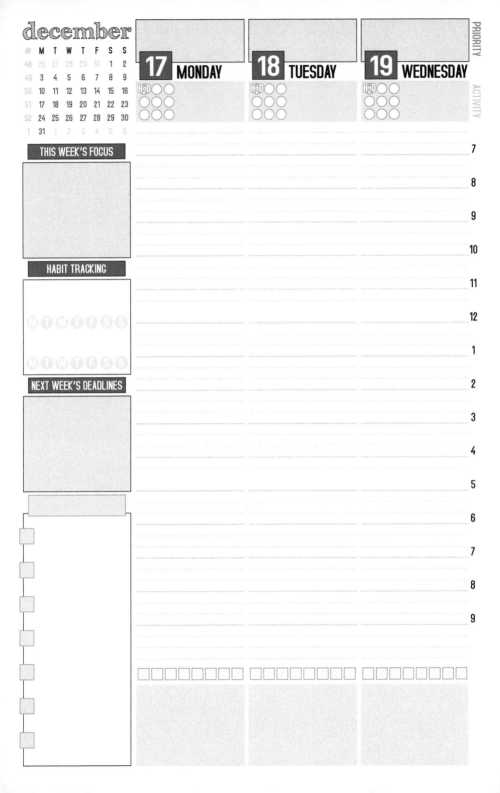

| # | M | T | W | T | F | S | S |
|---|---|---|---|---|---|---|---|
| 48 | 26 | 27 | 28 | 29 | 30 | 1 | 2 |
| 49 | 3 | 4 | 5 | 6 | 7 | 8 | 9 |
| 50 | 10 | 11 | 12 | 13 | 14 | 15 | 16 |
| 51 | 17 | 18 | 19 | 20 | 21 | 22 | 23 |
| 52 | 24 | 25 | 26 | 27 | 28 | 29 | 30 |
| 1 | 31 | 1 | 2 | 3 | 4 | 5 | 6 |

**PRIORITY**

**ACTIVITY**

## 17 MONDAY
H2O

## 18 TUESDAY
H2O

## 19 WEDNESDAY
H2O

## THIS WEEK'S FOCUS

## HABIT TRACKING

M T W T F S S
M T W T F S S

## NEXT WEEK'S DEADLINES

7
8
9
10
11
12
1
2
3
4
5
6
7
8
9

**20** THURSDAY  H₂O ○ ○ ○ ○ ○ ○ ○ ○

**21** FRIDAY  H₂O ○ ○ ○ ○ ○ ○ ○ ○

**22** SATURDAY  H₂O ○ ○ ○ ○ ○ ○ ○ ○

**23** SUNDAY  H₂O ○ ○ ○ ○ ○ ○ ○ ○

7

8

9

10

11

12

1

2

3

4

5

6

7

8

9

W

# december

| # | M | T | W | T | F | S | S |
|---|---|---|---|---|---|---|---|
| 48 | 26 | 27 | 28 | 29 | 30 | 1 | 2 |
| 49 | 3 | 4 | 5 | 6 | 7 | 8 | 9 |
| 50 | 10 | 11 | 12 | 13 | 14 | 15 | 16 |
| 51 | 17 | 18 | 19 | 20 | 21 | 22 | 23 |
| 52 | 24 | 25 | 26 | 27 | 28 | 29 | 30 |
| 1 | 31 | 1 | 2 | 3 | 4 | 5 | 6 |

**PRIORITY**

**ACTIVITY**

**24 MONDAY**

**25 TUESDAY**

**26 WEDNESDAY**

H₂O

## THIS WEEK'S FOCUS

## HABIT TRACKING

M T W T F S S

M T W T F S S

## NEXT WEEK'S DEADLINES

7
8
9
10
11
12
1
2
3
4
5
6
7
8
9

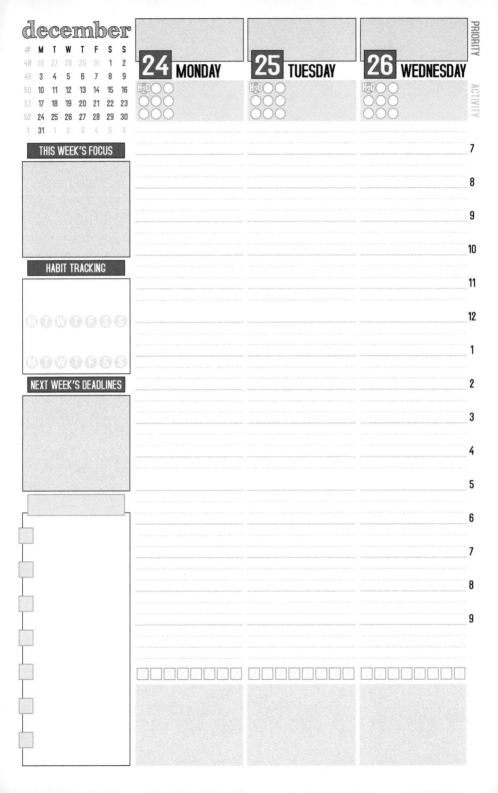

**27** THURSDAY

**28** FRIDAY

**29** SATURDAY

**30** SUNDAY

H₂O ○ ○
○ ○ ○
○ ○ ○

H₂O ○ ○
○ ○ ○
○ ○ ○

H₂O ○ ○
○ ○ ○
○ ○ ○

H₂O ○ ○
○ ○ ○
○ ○ ○

7

8

9

10

11

12

1

2

3

4

5

6

7

8

9

# dec-jan

| # | M | T | W | T | F | S | S |
|---|---|---|---|---|---|---|---|
| 50 | 10 | 11 | 12 | 13 | 14 | 15 | 16 |
| 51 | 17 | 18 | 19 | 20 | 21 | 22 | 23 |
| 52 | 24 | 25 | 26 | 27 | 28 | 29 | 30 |
| 1 | 31 | 1 | 2 | 3 | 4 | 5 | 6 |
| 2 | 7 | 8 | 9 | 10 | 11 | 12 | 13 |
| 3 | 14 | 15 | 16 | 17 | 18 | 19 | 20 |

## THIS WEEK'S FOCUS

## HABIT TRACKING

M T W T F S S

M T W T F S S

## NEXT WEEK'S DEADLINES

**PRIORITY**

**ACTIVITY**

**31** MONDAY

H₂O ○ ○
○ ○ ○
○ ○ ○

**1** TUESDAY

H₂O ○ ○
○ ○ ○
○ ○ ○

**2** WEDNESDAY

H₂O ○ ○
○ ○ ○
○ ○ ○

7

8

9

10

11

12

1

2

3

4

5

6

7

8

9

**3** THURSDAY    **4** FRIDAY    **5** SATURDAY    **6** SUNDAY

H₂O ◯ ◯    H₂O ◯ ◯    H₂O ◯ ◯    H₂O ◯ ◯
◯ ◯ ◯    ◯ ◯ ◯    ◯ ◯ ◯    ◯ ◯ ◯
◯ ◯ ◯    ◯ ◯ ◯    ◯ ◯ ◯    ◯ ◯ ◯

7

8

9

10

11

12

1

2

3

4

5

6

7

8

9

☐☐☐☐☐☐☐ ☐☐☐☐☐☐☐ ☐☐☐☐☐☐☐ ☐☐☐☐☐☐☐

W

# january

| # | M | T | W | T | F | S | S |
|---|---|---|---|---|---|---|---|
| 1 | 31 | 1 | 2 | 3 | 4 | 5 | 6 |
| 2 | 7 | 8 | 9 | 10 | 11 | 12 | 13 |
| 3 | 14 | 15 | 16 | 17 | 18 | 19 | 20 |
| 4 | 21 | 22 | 23 | 24 | 25 | 26 | 27 |
| 5 | 28 | 29 | 30 | 31 | 1 | 2 | 3 |
| 6 | 4 | 5 | 6 | 7 | 8 | 9 | 10 |

**PRIORITY**

**7 MONDAY**    **8 TUESDAY**    **9 WEDNESDAY**

H₂O    H₂O    H₂O

**ACTIVITY**

THIS WEEK'S FOCUS

HABIT TRACKING

M T W T F S S

M T W T F S S

NEXT WEEK'S DEADLINES

7
8
9
10
11
12
1
2
3
4
5
6
7
8
9

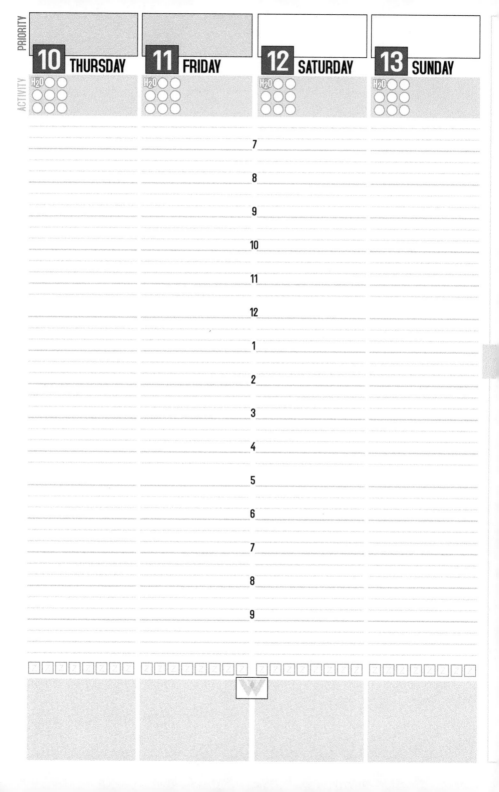

**PRIORITY**

**ACTIVITY**

**10** THURSDAY  H₂O ◯ ◯ ◯ ◯ ◯ ◯ ◯ ◯

**11** FRIDAY  H₂O ◯ ◯ ◯ ◯ ◯ ◯ ◯ ◯

**12** SATURDAY  H₂O ◯ ◯ ◯ ◯ ◯ ◯ ◯ ◯

**13** SUNDAY  H₂O ◯ ◯ ◯ ◯ ◯ ◯ ◯ ◯

7

8

9

10

11

12

1

2

3

4

5

6

7

8

9

W

# january

| # | M | T | W | T | F | S | S |
|---|---|---|---|---|---|---|---|
| 1 | 31 | 1 | 2 | 3 | 4 | 5 | 6 |
| 2 | 7 | 8 | 9 | 10 | 11 | 12 | 13 |
| 3 | 14 | 15 | 16 | 17 | 18 | 19 | 20 |
| 4 | 21 | 22 | 23 | 24 | 25 | 26 | 27 |
| 5 | 28 | 29 | 30 | 31 | 1 | 2 | 3 |
| 6 | 4 | 5 | 6 | 7 | 8 | 9 | 10 |

## THIS WEEK'S FOCUS

## HABIT TRACKING

M T W T F S S

M T W T F S S

## NEXT WEEK'S DEADLINES

**PRIORITY**

**14** MONDAY
H₂O ○ ○

**15** TUESDAY
H₂O ○ ○

**16** WEDNESDAY
H₂O ○ ○

**ACTIVITY**

7

8

9

10

11

12

1

2

3

4

5

6

7

8

9

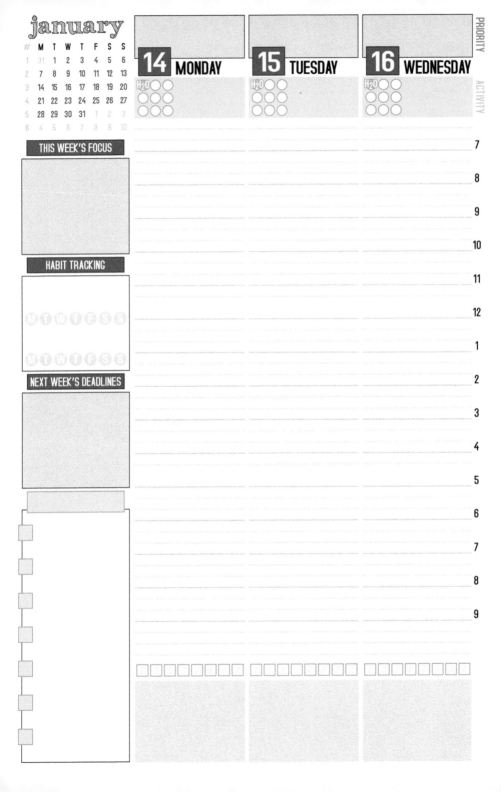

**17** THURSDAY    **18** FRIDAY    **19** SATURDAY    **20** SUNDAY

H₂O ◯◯ ◯◯◯ ◯◯◯    H₂O ◯◯ ◯◯◯ ◯◯◯    H₂O ◯◯ ◯◯◯ ◯◯◯    H₂O ◯◯ ◯◯◯ ◯◯◯

7

8

9

10

11

12

1

2

3

4

5

6

7

8

9

# january

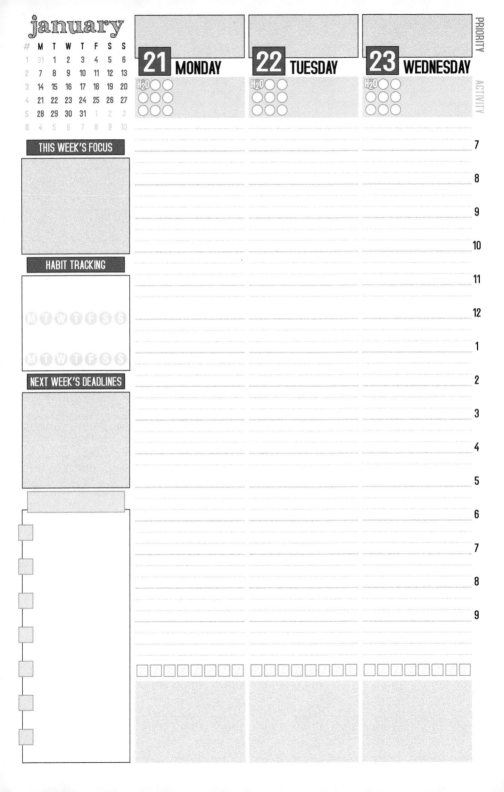

| # | M | T | W | T | F | S | S |
|---|---|---|---|---|---|---|---|
| 1 | 31 | 1 | 2 | 3 | 4 | 5 | 6 |
| 2 | 7 | 8 | 9 | 10 | 11 | 12 | 13 |
| 3 | 14 | 15 | 16 | 17 | 18 | 19 | 20 |
| 4 | 21 | 22 | 23 | 24 | 25 | 26 | 27 |
| 5 | 28 | 29 | 30 | 31 | 1 | 2 | 3 |
| 6 | 4 | 5 | 6 | 7 | 8 | 9 | 10 |

**THIS WEEK'S FOCUS**

**HABIT TRACKING**

M T W T F S S

M T W T F S S

**NEXT WEEK'S DEADLINES**

**PRIORITY**

**ACTIVITY**

**21 MONDAY**

H₂O

**22 TUESDAY**

H₂O

**23 WEDNESDAY**

H₂O

7
8
9
10
11
12
1
2
3
4
5
6
7
8
9

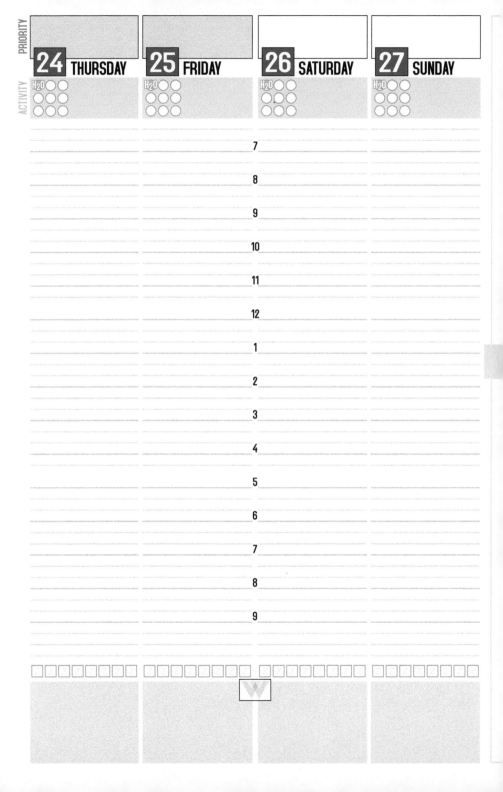

**24** THURSDAY  H₂O ○ ○

**25** FRIDAY  H₂O ○ ○

**26** SATURDAY  H₂O ○ ○

**27** SUNDAY  H₂O ○ ○

PRIORITY

ACTIVITY

7

8

9

10

11

12

1

2

3

4

5

6

7

8

9

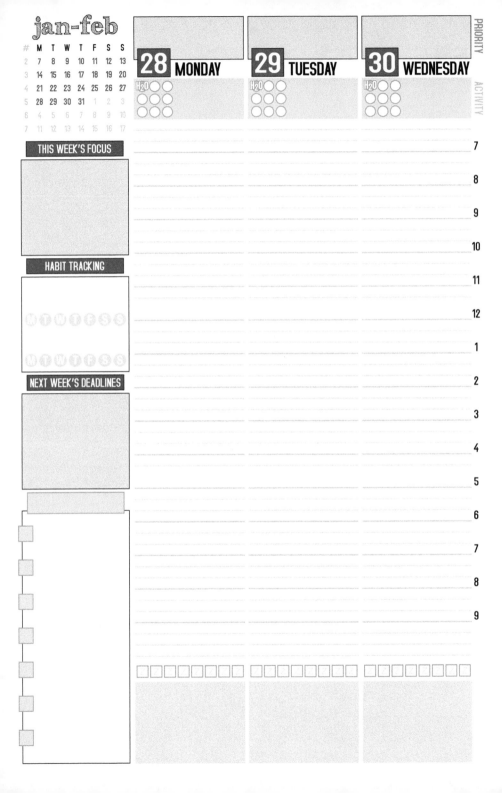

# jan-feb

| # | M | T | W | T | F | S | S |
|---|---|---|---|---|---|---|---|
| 2 | 7 | 8 | 9 | 10 | 11 | 12 | 13 |
| 3 | 14 | 15 | 16 | 17 | 18 | 19 | 20 |
| 4 | 21 | 22 | 23 | 24 | 25 | 26 | 27 |
| 5 | 28 | 29 | 30 | 31 | 1 | 2 | 3 |
| 6 | 4 | 5 | 6 | 7 | 8 | 9 | 10 |
| 7 | 11 | 12 | 13 | 14 | 15 | 16 | 17 |

**THIS WEEK'S FOCUS**

**HABIT TRACKING**

M T W T F S S

M T W T F S S

**NEXT WEEK'S DEADLINES**

**PRIORITY**

**ACTIVITY**

**28 MONDAY**

H₂O

**29 TUESDAY**

H₂O

**30 WEDNESDAY**

H₂O

7

8

9

10

11

12

1

2

3

4

5

6

7

8

9

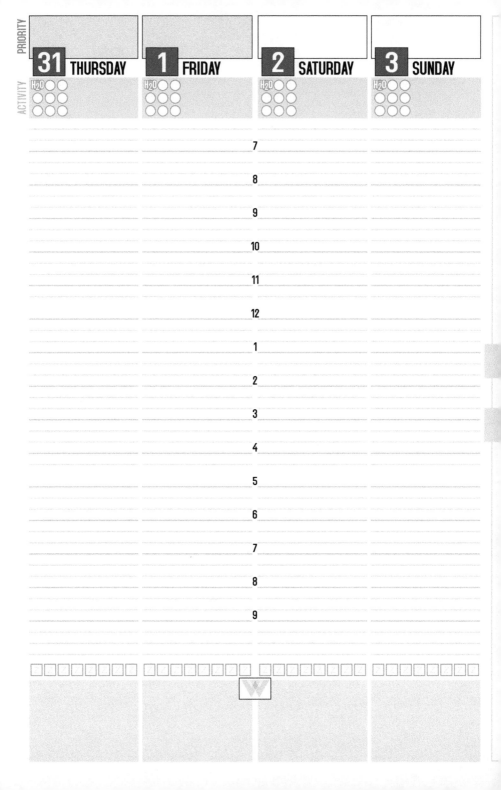

| PRIORITY | | | | |
|---|---|---|---|---|
| | | | | |

**31** THURSDAY    **1** FRIDAY    **2** SATURDAY    **3** SUNDAY

H₂O ○○    H₂O ○○    H₂O ○○    H₂O ○○
○○○    ○○○    ○○○    ○○○

7

8

9

10

11

12

1

2

3

4

5

6

7

8

9

# february

| # | M | T | W | T | F | S | S |
|---|---|---|---|---|---|---|---|
| 5 | 28 | 29 | 30 | 31 | 1 | 2 | 3 |
| 6 | 4 | 5 | 6 | 7 | 8 | 9 | 10 |
| 7 | 11 | 12 | 13 | 14 | 15 | 16 | 17 |
| 8 | 18 | 19 | 20 | 21 | 22 | 23 | 24 |
| 9 | 25 | 26 | 27 | 28 | 1 | 2 | 3 |
| 10 | 4 | 5 | 6 | 7 | 8 | 9 | 10 |

## THIS WEEK'S FOCUS

## HABIT TRACKING

M T W T F S S

M T W T F S S

## NEXT WEEK'S DEADLINES

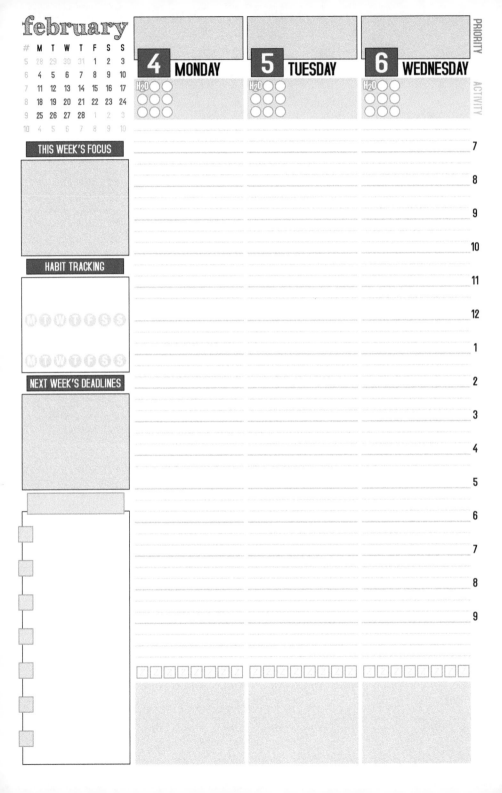

**PRIORITY**

**4** MONDAY

**5** TUESDAY

**6** WEDNESDAY

H2O

**ACTIVITY**

7
8
9
10
11
12
1
2
3
4
5
6
7
8
9

**7** THURSDAY    **8** FRIDAY    **9** SATURDAY    **10** SUNDAY

H₂O ◯ ◯    H₂O ◯ ◯    H₂O ◯ ◯    H₂O ◯ ◯
◯ ◯ ◯    ◯ ◯ ◯    ◯ ◯ ◯    ◯ ◯ ◯
◯ ◯ ◯    ◯ ◯ ◯    ◯ ◯ ◯    ◯ ◯ ◯

7

8

9

10

11

12

1

2

3

4

5

6

7

8

9

# february

| # | M | T | W | T | F | S | S |
|---|---|---|---|---|---|---|---|
| 5 | 28 | 29 | 30 | 31 | 1 | 2 | 3 |
| 6 | 4 | 5 | 6 | 7 | 8 | 9 | 10 |
| 7 | 11 | 12 | 13 | 14 | 15 | 16 | 17 |
| 8 | 18 | 19 | 20 | 21 | 22 | 23 | 24 |
| 9 | 25 | 26 | 27 | 28 | 1 | 2 | 3 |
| 10 | 4 | 5 | 6 | 7 | 8 | 9 | 10 |

**THIS WEEK'S FOCUS**

**HABIT TRACKING**

M T W T F S S

M T W T F S S

**NEXT WEEK'S DEADLINES**

**PRIORITY**

**ACTIVITY**

**11 MONDAY**

H20

**12 TUESDAY**

H20

**13 WEDNESDAY**

H20

7

8

9

10

11

12

1

2

3

4

5

6

7

8

9

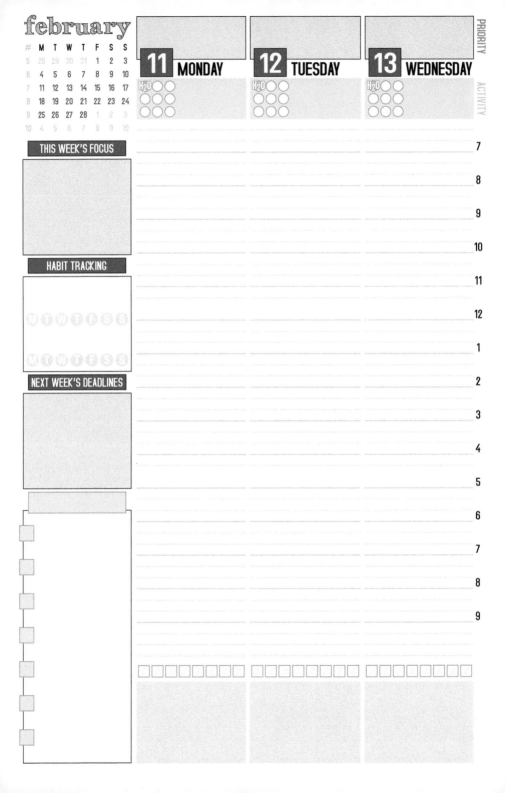

**14** THURSDAY

**15** FRIDAY

**16** SATURDAY

**17** SUNDAY

H₂O ◯ ◯
◯ ◯ ◯
◯ ◯ ◯

H₂O ◯ ◯
◯ ◯ ◯
◯ ◯ ◯

H₂O ◯ ◯
◯ ◯ ◯
◯ ◯ ◯

H₂O ◯ ◯
◯ ◯ ◯
◯ ◯ ◯

7

8

9

10

11

12

1

2

3

4

5

6

7

8

9

# february

| # | M | T | W | T | F | S | S |
|---|---|---|---|---|---|---|---|
| 5 | 28 | 29 | 30 | 31 | 1 | 2 | 3 |
| 6 | 4 | 5 | 6 | 7 | 8 | 9 | 10 |
| 7 | 11 | 12 | 13 | 14 | 15 | 16 | 17 |
| 8 | 18 | 19 | 20 | 21 | 22 | 23 | 24 |
| 9 | 25 | 26 | 27 | 28 | 1 | 2 | 3 |
| 10 | 4 | 5 | 6 | 7 | 8 | 9 | 10 |

**PRIORITY**

**18 MONDAY**  **19 TUESDAY**  **20 WEDNESDAY**

H2O ○○ ○○○  H2O ○○ ○○○  H2O ○○ ○○○

**ACTIVITY**

## THIS WEEK'S FOCUS

## HABIT TRACKING

M T W T F S S

M T W T F S S

## NEXT WEEK'S DEADLINES

7

8

9

10

11

12

1

2

3

4

5

6

7

8

9

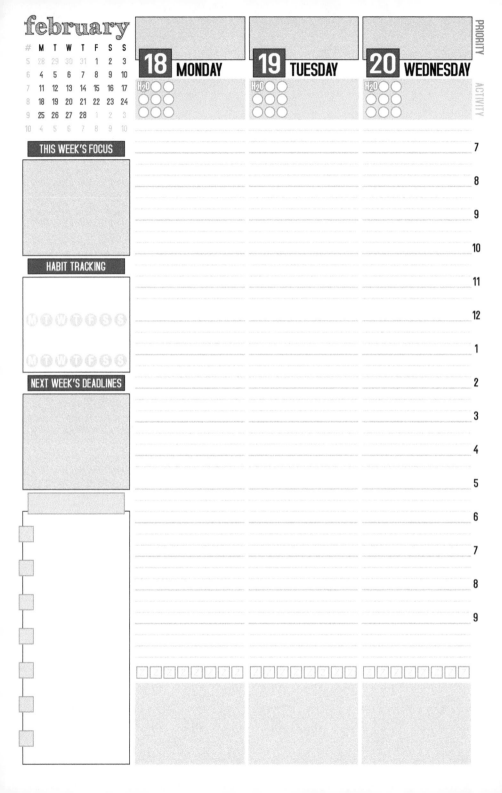

**21** THURSDAY

**22** FRIDAY

**23** SATURDAY

**24** SUNDAY

H₂O ○ ○
○ ○ ○
○ ○ ○

H₂O ○ ○
○ ○ ○
○ ○ ○

H₂O ○ ○
○ ○ ○
○ ○ ○

H₂O ○ ○
○ ○ ○
○ ○ ○

7

8

9

10

11

12

1

2

3

4

5

6

7

8

9

□□□□□□□□ □□□□□□□□ □□□□□□□□ □□□□□□□□

# feb-mar

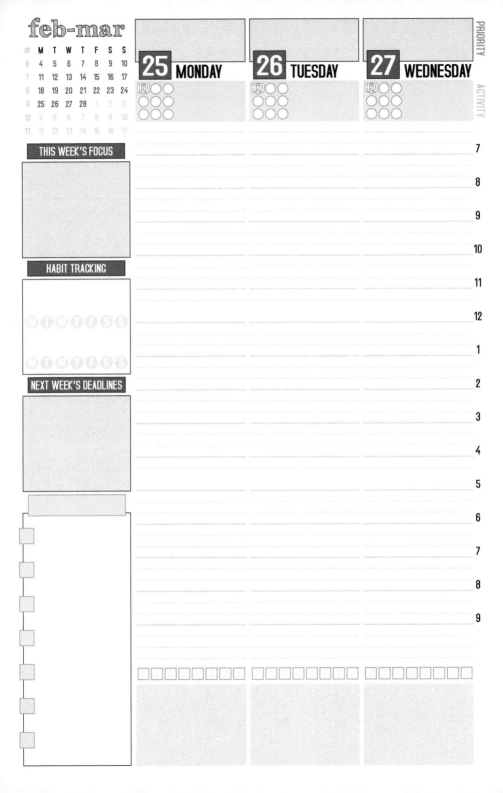

| # | M | T | W | T | F | S | S |
|---|---|---|---|---|---|---|---|
| 6 | 4 | 5 | 6 | 7 | 8 | 9 | 10 |
| 7 | 11 | 12 | 13 | 14 | 15 | 16 | 17 |
| 8 | 18 | 19 | 20 | 21 | 22 | 23 | 24 |
| 9 | 25 | 26 | 27 | 28 | 1 | 2 | 3 |
| 10 | 4 | 5 | 6 | 7 | 8 | 9 | 10 |
| 11 | 11 | 12 | 13 | 14 | 15 | 16 | 17 |

**THIS WEEK'S FOCUS**

**HABIT TRACKING**

M T W T F S S

M T W T F S S

**NEXT WEEK'S DEADLINES**

**25 MONDAY**

H2O

**26 TUESDAY**

H2O

**27 WEDNESDAY**

H2O

PRIORITY

ACTIVITY

7
8
9
10
11
12
1
2
3
4
5
6
7
8
9

**PRIORITY**

**ACTIVITY**

**28** THURSDAY    H₂O ○ ○ ○ ○ ○ ○ ○ ○

**1** FRIDAY    H₂O ○ ○ ○ ○ ○ ○ ○ ○

**2** SATURDAY    H₂O ○ ○ ○ ○ ○ ○ ○ ○

**3** SUNDAY    H₂O ○ ○ ○ ○ ○ ○ ○ ○

7

8

9

10

11

12

1

2

3

4

5

6

7

8

9

☐ ☐ ☐ ☐ ☐ ☐ ☐ ☐   ☐ ☐ ☐ ☐ ☐ ☐ ☐ ☐   ☐ ☐ ☐ ☐ ☐ ☐ ☐ ☐   ☐ ☐ ☐ ☐ ☐ ☐ ☐ ☐

W

# march

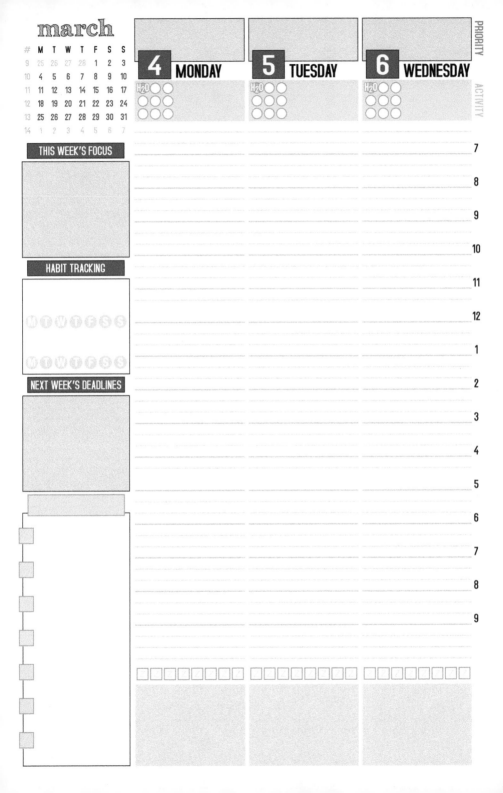

| # | M | T | W | T | F | S | S |
|---|---|---|---|---|---|---|---|
| 9 | 25 | 26 | 27 | 28 | 1 | 2 | 3 |
| 10 | 4 | 5 | 6 | 7 | 8 | 9 | 10 |
| 11 | 11 | 12 | 13 | 14 | 15 | 16 | 17 |
| 12 | 18 | 19 | 20 | 21 | 22 | 23 | 24 |
| 13 | 25 | 26 | 27 | 28 | 29 | 30 | 31 |
| 14 | 1 | 2 | 3 | 4 | 5 | 6 | 7 |

**PRIORITY**

**ACTIVITY**

**4 MONDAY**

**5 TUESDAY**

**6 WEDNESDAY**

H₂O

**THIS WEEK'S FOCUS**

**HABIT TRACKING**

M T W T F S S

M T W T F S S

**NEXT WEEK'S DEADLINES**

7

8

9

10

11

12

1

2

3

4

5

6

7

8

9

**7** THURSDAY  H₂O ◯◯ ◯◯◯ ◯◯◯

**8** FRIDAY  H₂O ◯◯ ◯◯◯ ◯◯◯

**9** SATURDAY  H₂O ◯◯ ◯◯◯ ◯◯◯

**10** SUNDAY  H₂O ◯◯ ◯◯◯ ◯◯◯

7

8

9

10

11

12

1

2

3

4

5

6

7

8

9

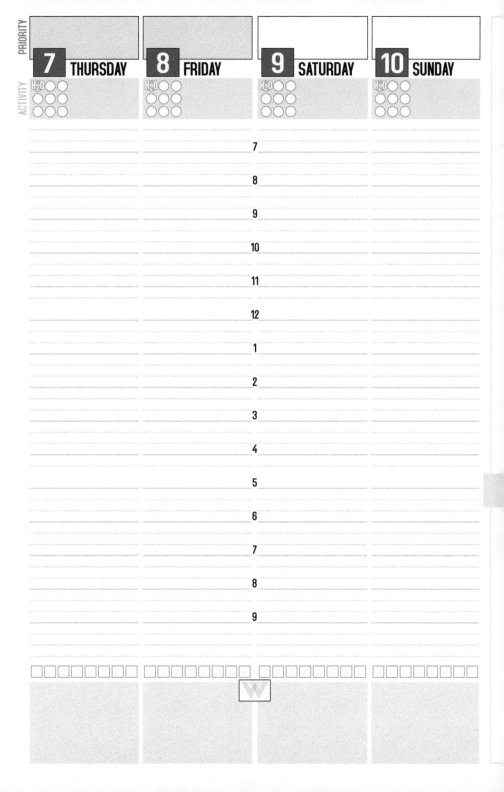

# march

| # | M | T | W | T | F | S | S |
|---|---|---|---|---|---|---|---|
| 9 | 25 | 26 | 27 | 28 | 1 | 2 | 3 |
| 10 | 4 | 5 | 6 | 7 | 8 | 9 | 10 |
| 11 | 11 | 12 | 13 | 14 | 15 | 16 | 17 |
| 12 | 18 | 19 | 20 | 21 | 22 | 23 | 24 |
| 13 | 25 | 26 | 27 | 28 | 29 | 30 | 31 |
| 14 | 1 | 2 | 3 | 4 | 5 | 6 | 7 |

## THIS WEEK'S FOCUS

## HABIT TRACKING

## NEXT WEEK'S DEADLINES

**PRIORITY**

**11 MONDAY**

**12 TUESDAY**

**13 WEDNESDAY**

**ACTIVITY**

7
8
9
10
11
12
1
2
3
4
5
6
7
8
9

## 14 THURSDAY

H₂O ○ ○
○ ○ ○
○ ○ ○

## 15 FRIDAY

H₂O ○ ○
○ ○ ○
○ ○ ○

## 16 SATURDAY

H₂O ○ ○
○ ○ ○
○ ○ ○

## 17 SUNDAY

H₂O ○ ○
○ ○ ○
○ ○ ○

7

8

9

10

11

12

1

2

3

4

5

6

7

8

9

# march

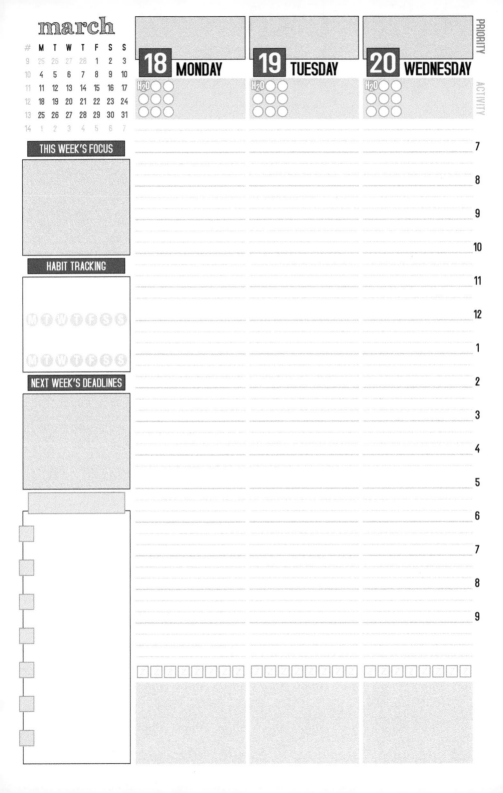

| # | M | T | W | T | F | S | S |
|---|---|---|---|---|---|---|---|
| 9 | 25 | 26 | 27 | 28 | 1 | 2 | 3 |
| 10 | 4 | 5 | 6 | 7 | 8 | 9 | 10 |
| 11 | 11 | 12 | 13 | 14 | 15 | 16 | 17 |
| 12 | 18 | 19 | 20 | 21 | 22 | 23 | 24 |
| 13 | 25 | 26 | 27 | 28 | 29 | 30 | 31 |
| 14 | 1 | 2 | 3 | 4 | 5 | 6 | 7 |

## THIS WEEK'S FOCUS

## HABIT TRACKING

M T W T F S S

M T W T F S S

## NEXT WEEK'S DEADLINES

**PRIORITY**

**18 MONDAY**

H₂0 ○ ○
○ ○ ○
○ ○ ○

**19 TUESDAY**

H₂0 ○ ○
○ ○ ○
○ ○ ○

**20 WEDNESDAY**

H₂0 ○ ○
○ ○ ○
○ ○ ○

**ACTIVITY**

7

8

9

10

11

12

1

2

3

4

5

6

7

8

9

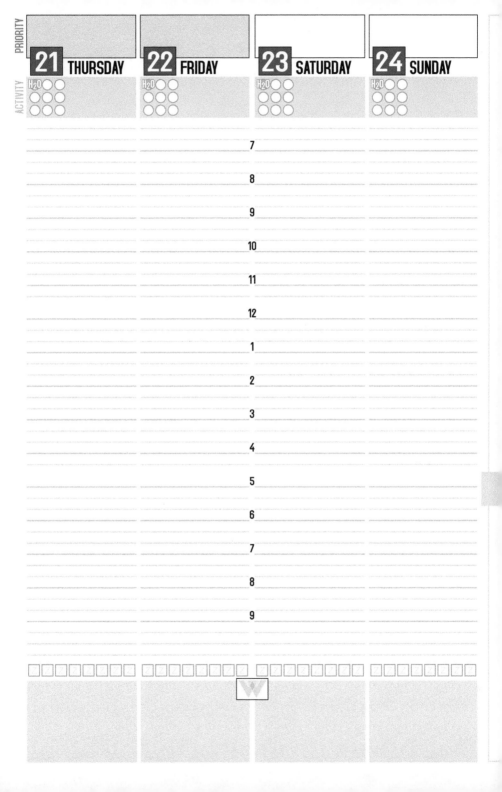

| 21 THURSDAY | 22 FRIDAY | 23 SATURDAY | 24 SUNDAY |
|---|---|---|---|

7

8

9

10

11

12

1

2

3

4

5

6

7

8

9

# march

| # | M | T | W | T | F | S | S |
|---|---|---|---|---|---|---|---|
| 9 | 25 | 26 | 27 | 28 | 1 | 2 | 3 |
| 10 | 4 | 5 | 6 | 7 | 8 | 9 | 10 |
| 11 | 11 | 12 | 13 | 14 | 15 | 16 | 17 |
| 12 | 18 | 19 | 20 | 21 | 22 | 23 | 24 |
| 13 | 25 | 26 | 27 | 28 | 29 | 30 | 31 |
| 14 | 1 | 2 | 3 | 4 | 5 | 6 | 7 |

**PRIORITY**

**ACTIVITY**

**25** MONDAY

**26** TUESDAY

**27** WEDNESDAY

H₂O ◯ ◯

H₂O ◯ ◯

H₂O ◯ ◯

## THIS WEEK'S FOCUS

## HABIT TRACKING

M T W T F S S

M T W T F S S

## NEXT WEEK'S DEADLINES

7

8

9

10

11

12

1

2

3

4

5

6

7

8

9

**PRIORITY**

**ACTIVITY**

**28** THURSDAY    **29** FRIDAY    **30** SATURDAY    **31** SUNDAY

H₂O ◯ ◯    H₂O ◯ ◯    H₂O ◯ ◯    H₂O ◯ ◯
◯ ◯ ◯    ◯ ◯ ◯    ◯ ◯ ◯    ◯ ◯ ◯
◯ ◯ ◯    ◯ ◯ ◯    ◯ ◯ ◯    ◯ ◯ ◯

7

8

9

10

11

12

1

2

3

4

5

6

7

8

9

W

# april

| # | M | T | W | T | F | S | S |
|---|---|---|---|---|---|---|---|
| 14 | 1 | 2 | 3 | 4 | 5 | 6 | 7 |
| 15 | 8 | 9 | 10 | 11 | 12 | 13 | 14 |
| 16 | 15 | 16 | 17 | 18 | 19 | 20 | 21 |
| 17 | 22 | 23 | 24 | 25 | 26 | 27 | 28 |
| 18 | 29 | 30 | 1 | 2 | 3 | 4 | 5 |
| 19 | 6 | 7 | 8 | 9 | 10 | 11 | 12 |

## THIS WEEK'S FOCUS

## HABIT TRACKING

M T W T F S S
M T W T F S S

## NEXT WEEK'S DEADLINES

**PRIORITY**

**1 MONDAY** H₂O ○○ ○○○ ○○○

**2 TUESDAY** H₂O ○○ ○○○ ○○○

**3 WEDNESDAY** H₂O ○○ ○○○ ○○○

**ACTIVITY**

7
8
9
10
11
12
1
2
3
4
5
6
7
8
9

**4** THURSDAY **5** FRIDAY **6** SATURDAY **7** SUNDAY

H₂O ○ ○   H₂O ○ ○   H₂O ○ ○   H₂O ○ ○
○ ○ ○   ○ ○ ○   ○ ○ ○   ○ ○ ○
○ ○ ○   ○ ○ ○   ○ ○ ○   ○ ○ ○

7

8

9

10

11

12

1

2

3

4

5

6

7

8

9

# april

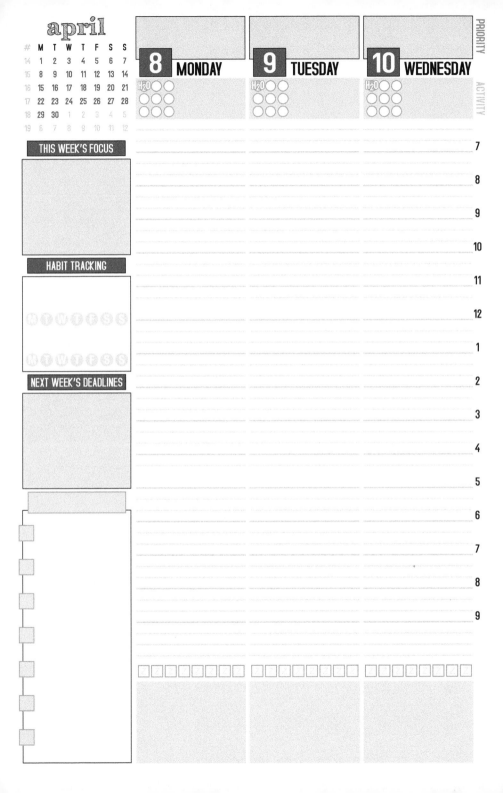

| # | M | T | W | T | F | S | S |
|---|---|---|---|---|---|---|---|
| 14 | 1 | 2 | 3 | 4 | 5 | 6 | 7 |
| 15 | 8 | 9 | 10 | 11 | 12 | 13 | 14 |
| 16 | 15 | 16 | 17 | 18 | 19 | 20 | 21 |
| 17 | 22 | 23 | 24 | 25 | 26 | 27 | 28 |
| 18 | 29 | 30 | 1 | 2 | 3 | 4 | 5 |
| 19 | 6 | 7 | 8 | 9 | 10 | 11 | 12 |

**PRIORITY**

**8 MONDAY**

**9 TUESDAY**

**10 WEDNESDAY**

**ACTIVITY**

H2O

H2O

H2O

## THIS WEEK'S FOCUS

## HABIT TRACKING

M T W T F S S

M T W T F S S

## NEXT WEEK'S DEADLINES

7

8

9

10

11

12

1

2

3

4

5

6

7

8

9

PRIORITY

ACTIVITY

**11** THURSDAY   H₂O ○○

**12** FRIDAY   H₂O ○○

**13** SATURDAY   H₂O ○○

**14** SUNDAY   H₂O ○○

7

8

9

10

11

12

1

2

3

4

5

6

7

8

9

W

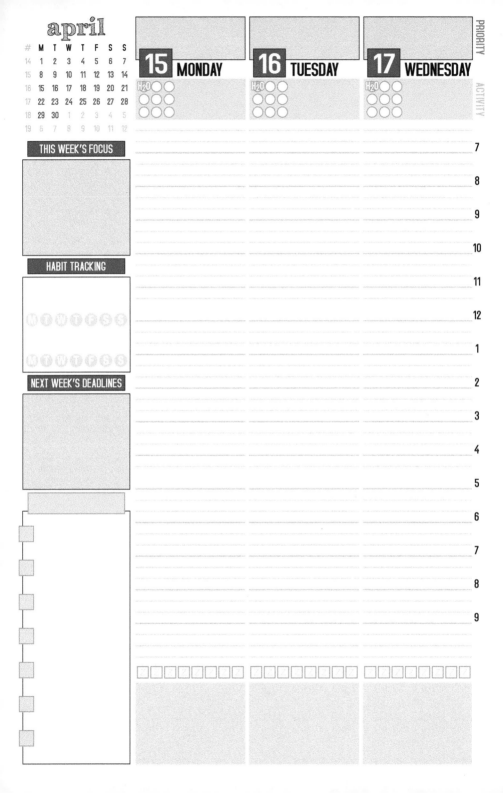

# april

| # | M | T | W | T | F | S | S |
|---|---|---|---|---|---|---|---|
| 14 | 1 | 2 | 3 | 4 | 5 | 6 | 7 |
| 15 | 8 | 9 | 10 | 11 | 12 | 13 | 14 |
| 16 | 15 | 16 | 17 | 18 | 19 | 20 | 21 |
| 17 | 22 | 23 | 24 | 25 | 26 | 27 | 28 |
| 18 | 29 | 30 | 1 | 2 | 3 | 4 | 5 |
| 19 | 6 | 7 | 8 | 9 | 10 | 11 | 12 |

**THIS WEEK'S FOCUS**

**HABIT TRACKING**

M T W T F S S

M T W T F S S

**NEXT WEEK'S DEADLINES**

**PRIORITY**

**15 MONDAY**

H2O

**16 TUESDAY**

H2O

**17 WEDNESDAY**

H2O

**ACTIVITY**

7

8

9

10

11

12

1

2

3

4

5

6

7

8

9

| 18 THURSDAY | 19 FRIDAY | 20 SATURDAY | 21 SUNDAY |
|---|---|---|---|
| H₂O ○○ ○○○ ○○○ | H₂O ○○ ○○○ ○○○ | H₂O ○○ ○○○ ○○○ | H₂O ○○ ○○○ ○○○ |

7

8

9

10

11

12

1

2

3

4

5

6

7

8

9

# april

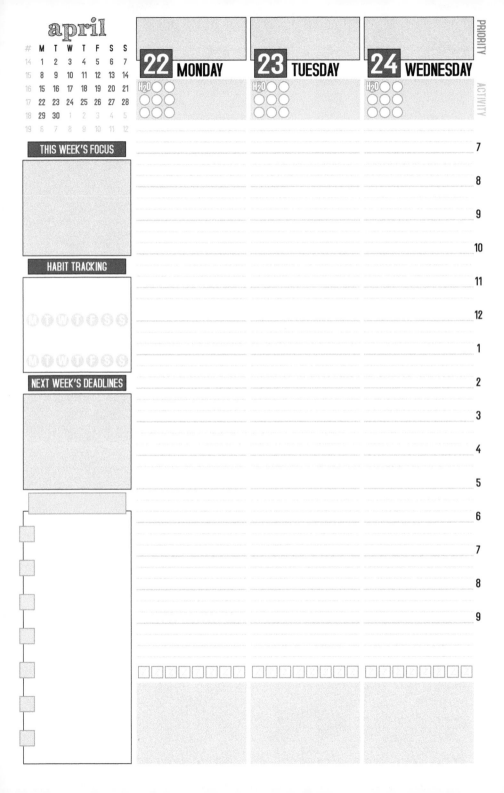

| # | M | T | W | T | F | S | S |
|---|---|---|---|---|---|---|---|
| 14 | 1 | 2 | 3 | 4 | 5 | 6 | 7 |
| 15 | 8 | 9 | 10 | 11 | 12 | 13 | 14 |
| 16 | 15 | 16 | 17 | 18 | 19 | 20 | 21 |
| 17 | 22 | 23 | 24 | 25 | 26 | 27 | 28 |
| 18 | 29 | 30 | 1 | 2 | 3 | 4 | 5 |
| 19 | 6 | 7 | 8 | 9 | 10 | 11 | 12 |

**THIS WEEK'S FOCUS**

**HABIT TRACKING**

M T W T F S S

M T W T F S S

**NEXT WEEK'S DEADLINES**

PRIORITY

ACTIVITY

**22 MONDAY**

H2O

**23 TUESDAY**

H2O

**24 WEDNESDAY**

H2O

7

8

9

10

11

12

1

2

3

4

5

6

7

8

9

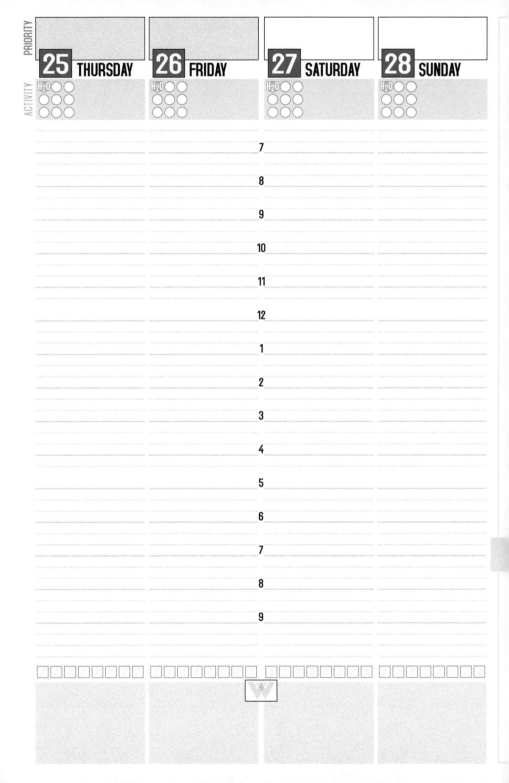

**PRIORITY**

**ACTIVITY**

**25** THURSDAY   **26** FRIDAY   **27** SATURDAY   **28** SUNDAY

H₂O   H₂O   H₂O   H₂O

7

8

9

10

11

12

1

2

3

4

5

6

7

8

9

# apr-may

| # | M | T | W | T | F | S | S |
|---|---|---|---|---|---|---|---|
| 15 | 8 | 9 | 10 | 11 | 12 | 13 | 14 |
| 16 | 15 | 16 | 17 | 18 | 19 | 20 | 21 |
| 17 | 22 | 23 | 24 | 25 | 26 | 27 | 28 |
| 18 | 29 | 30 | 1 | 2 | 3 | 4 | 5 |
| 19 | 6 | 7 | 8 | 9 | 10 | 11 | 12 |
| 20 | 13 | 14 | 15 | 16 | 17 | 18 | 19 |

**THIS WEEK'S FOCUS**

**HABIT TRACKING**

M T W T F S S

M T W T F S S

**NEXT WEEK'S DEADLINES**

**29 MONDAY**

H2O ◯ ◯ ◯
◯ ◯ ◯
◯ ◯ ◯

**30 TUESDAY**

H2O ◯ ◯ ◯
◯ ◯ ◯
◯ ◯ ◯

**1 WEDNESDAY**

H2O ◯ ◯ ◯
◯ ◯ ◯
◯ ◯ ◯

7

8

9

10

11

12

1

2

3

4

5

6

7

8

9

**2** THURSDAY  H₂O ○ ○ ○ ○ ○ ○ ○

**3** FRIDAY  H₂O ○ ○ ○ ○ ○ ○ ○

**4** SATURDAY  H₂O ○ ○ ○ ○ ○ ○ ○

**5** SUNDAY  H₂O ○ ○ ○ ○ ○ ○ ○

7

8

9

10

11

12

1

2

3

4

5

6

7

8

9

W

# may

| # | M | T | W | T | F | S | S |
|---|---|---|---|---|---|---|---|
| 18 | 29 | 30 | 1 | 2 | 3 | 4 | 5 |
| 19 | 6 | 7 | 8 | 9 | 10 | 11 | 12 |
| 20 | 13 | 14 | 15 | 16 | 17 | 18 | 19 |
| 21 | 20 | 21 | 22 | 23 | 24 | 25 | 26 |
| 22 | 27 | 28 | 29 | 30 | 31 | 1 | 2 |
| 23 | 3 | 4 | 5 | 6 | 7 | 8 | 9 |

**6 MONDAY**  H₂O

**7 TUESDAY**  H₂O

**8 WEDNESDAY**  H₂O

## THIS WEEK'S FOCUS

## HABIT TRACKING

M T W T F S S

M T W T F S S

## NEXT WEEK'S DEADLINES

7

8

9

10

11

12

1

2

3

4

5

6

7

8

9

# PRIORITY

| | | | |
|---|---|---|---|
| **9** THURSDAY | **10** FRIDAY | **11** SATURDAY | **12** SUNDAY |

## ACTIVITY

H₂O ○○
○○○
○○○

H₂O ○○
○○○
○○○

H₂O ○○
○○○
○○○

H₂O ○○
○○○
○○○

7

8

9

10

11

12

1

2

3

4

5

6

7

8

9

# may

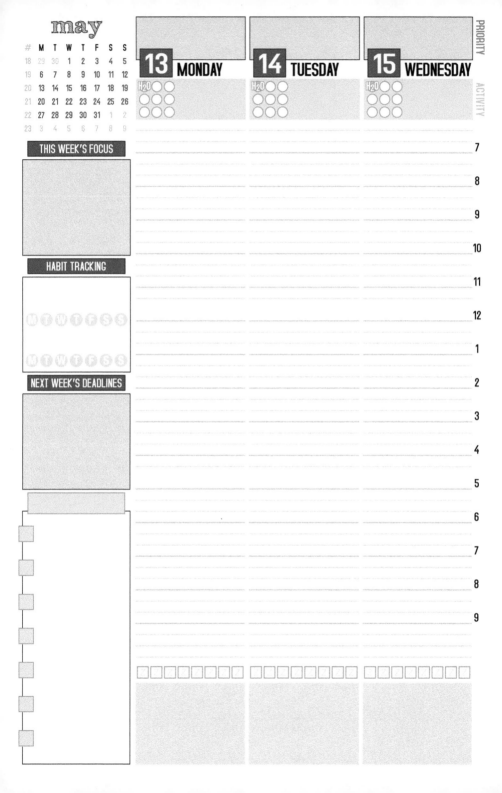

| # | M | T | W | T | F | S | S |
|---|---|---|---|---|---|---|---|
| 18 | 29 | 30 | 1 | 2 | 3 | 4 | 5 |
| 19 | 6 | 7 | 8 | 9 | 10 | 11 | 12 |
| 20 | 13 | 14 | 15 | 16 | 17 | 18 | 19 |
| 21 | 20 | 21 | 22 | 23 | 24 | 25 | 26 |
| 22 | 27 | 28 | 29 | 30 | 31 | 1 | 2 |
| 23 | 3 | 4 | 5 | 6 | 7 | 8 | 9 |

## THIS WEEK'S FOCUS

## HABIT TRACKING

M T W T F S S

M T W T F S S

## NEXT WEEK'S DEADLINES

**PRIORITY**

**ACTIVITY**

**13 MONDAY**

H₂O ○ ○
○ ○ ○
○ ○ ○

**14 TUESDAY**

H₂O ○ ○
○ ○ ○
○ ○ ○

**15 WEDNESDAY**

H₂O ○ ○
○ ○ ○
○ ○ ○

7

8

9

10

11

12

1

2

3

4

5

6

7

8

9

**16** THURSDAY  H₂O ◯◯ ◯◯◯ ◯◯◯

**17** FRIDAY  H₂O ◯◯ ◯◯◯ ◯◯◯

**18** SATURDAY  H₂O ◯◯ ◯◯◯ ◯◯◯

**19** SUNDAY  H₂O ◯◯ ◯◯◯ ◯◯◯

7

8

9

10

11

12

1

2

3

4

5

6

7

8

9

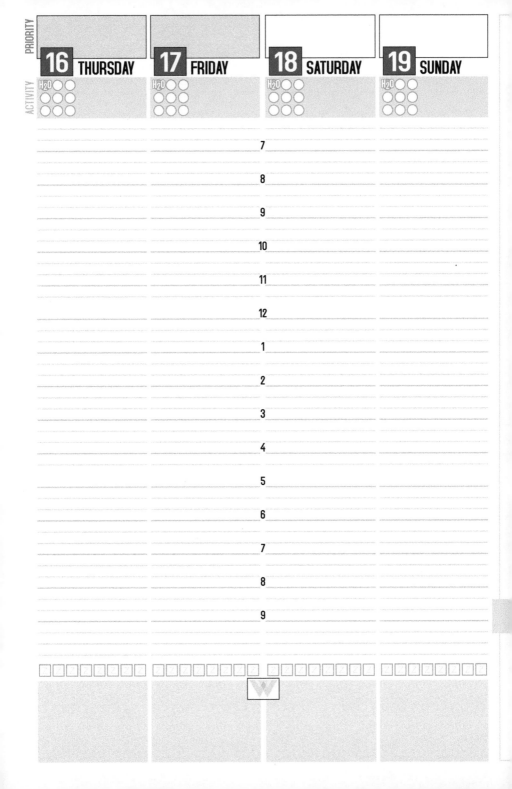

# may

| # | M | T | W | T | F | S | S |
|---|---|---|---|---|---|---|---|
| 18 | 29 | 30 | 1 | 2 | 3 | 4 | 5 |
| 19 | 6 | 7 | 8 | 9 | 10 | 11 | 12 |
| 20 | 13 | 14 | 15 | 16 | 17 | 18 | 19 |
| 21 | 20 | 21 | 22 | 23 | 24 | 25 | 26 |
| 22 | 27 | 28 | 29 | 30 | 31 | 1 | 2 |
| 23 | 3 | 4 | 5 | 6 | 7 | 8 | 9 |

## THIS WEEK'S FOCUS

## HABIT TRACKING

M T W T F S S

M T W T F S S

## NEXT WEEK'S DEADLINES

**PRIORITY**

**ACTIVITY**

**20** MONDAY

**21** TUESDAY

**22** WEDNESDAY

H₂O

7
8
9
10
11
12
1
2
3
4
5
6
7
8
9

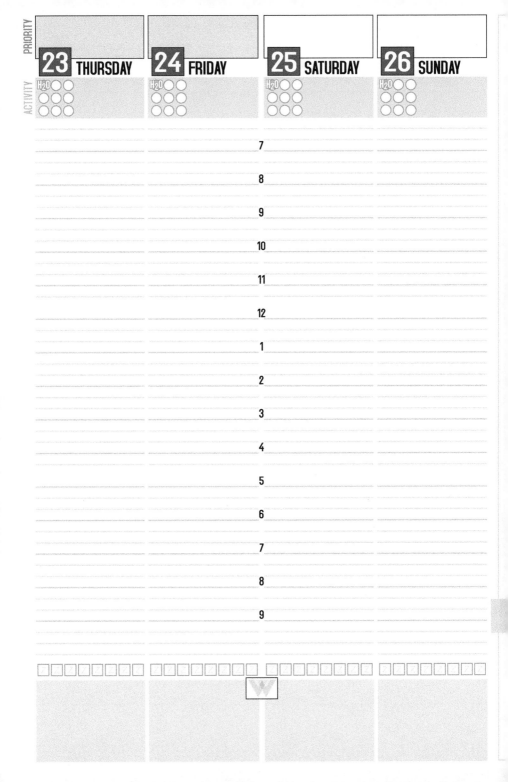

**PRIORITY**

**ACTIVITY**

**23** THURSDAY   **24** FRIDAY   **25** SATURDAY   **26** SUNDAY

H₂0   H₂0   H₂0   H₂0

7

8

9

10

11

12

1

2

3

4

5

6

7

8

9

W

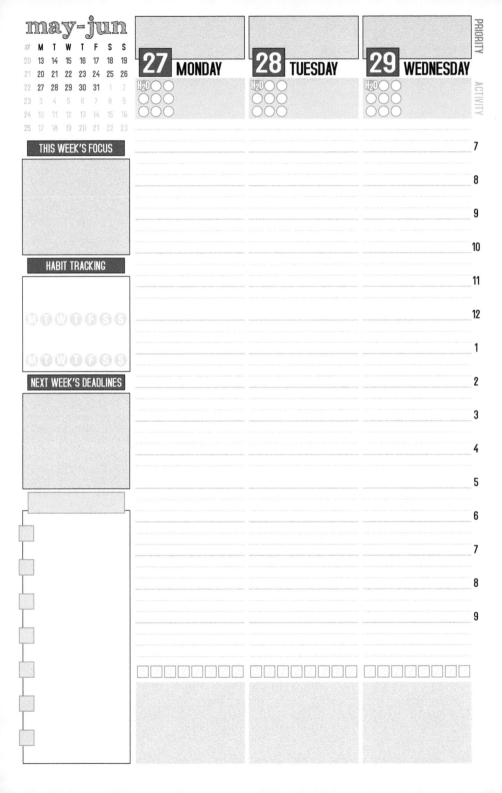

# may-jun

| # | M | T | W | T | F | S | S |
|---|---|---|---|---|---|---|---|
| 20 | 13 | 14 | 15 | 16 | 17 | 18 | 19 |
| 21 | 20 | 21 | 22 | 23 | 24 | 25 | 26 |
| 22 | 27 | 28 | 29 | 30 | 31 | 1 | 2 |
| 23 | 3 | 4 | 5 | 6 | 7 | 8 | 9 |
| 24 | 10 | 11 | 12 | 13 | 14 | 15 | 16 |
| 25 | 17 | 18 | 19 | 20 | 21 | 22 | 23 |

**THIS WEEK'S FOCUS**

**HABIT TRACKING**

M T W T F S S
M T W T F S S

**NEXT WEEK'S DEADLINES**

**PRIORITY**

**ACTIVITY**

**27** MONDAY
H2O

**28** TUESDAY
H2O

**29** WEDNESDAY
H2O

7

8

9

10

11

12

1

2

3

4

5

6

7

8

9

| PRIORITY | | | |
|---|---|---|---|
| **30** THURSDAY | **31** FRIDAY | **1** SATURDAY | **2** SUNDAY |

ACTIVITY

H₂O ○○○ ○○○ ○○○ | H₂O ○○○ ○○○ ○○○ | H₂O ○○○ ○○○ ○○○ | H₂O ○○○ ○○○ ○○○

7

8

9

10

11

12

1

2

3

4

5

6

7

8

9

# june

| # | M | T | W | T | F | S | S |
|---|---|---|---|---|---|---|---|
| 22 | 27 | 28 | 29 | 30 | 31 | 1 | 2 |
| 23 | 3 | 4 | 5 | 6 | 7 | 8 | 9 |
| 24 | 10 | 11 | 12 | 13 | 14 | 15 | 16 |
| 25 | 17 | 18 | 19 | 20 | 21 | 22 | 23 |
| 26 | 24 | 25 | 26 | 27 | 28 | 29 | 30 |
| 27 | 1 | 2 | 3 | 4 | 5 | 6 | 7 |

## 3 MONDAY
H₂O ◯ ◯
◯ ◯ ◯
◯ ◯ ◯

## 4 TUESDAY
H₂O ◯ ◯
◯ ◯ ◯
◯ ◯ ◯

## 5 WEDNESDAY
H₂O ◯ ◯
◯ ◯ ◯
◯ ◯ ◯

## THIS WEEK'S FOCUS

## HABIT TRACKING
M T W T F S S
M T W T F S S

## NEXT WEEK'S DEADLINES

7

8

9

10

11

12

1

2

3

4

5

6

7

8

9

**6** THURSDAY    **7** FRIDAY    **8** SATURDAY    **9** SUNDAY

H₂O    H₂O    H₂O    H₂O

7

8

9

10

11

12

1

2

3

4

5

6

7

8

9

# june

| # | M | T | W | T | F | S | S |
|---|---|---|---|---|---|---|---|
| 22 | 27 | 28 | 29 | 30 | 31 | 1 | 2 |
| 23 | 3 | 4 | 5 | 6 | 7 | 8 | 9 |
| 24 | 10 | 11 | 12 | 13 | 14 | 15 | 16 |
| 25 | 17 | 18 | 19 | 20 | 21 | 22 | 23 |
| 26 | 24 | 25 | 26 | 27 | 28 | 29 | 30 |
| 27 | 1 | 2 | 3 | 4 | 5 | 6 | 7 |

**10** MONDAY

**11** TUESDAY

**12** WEDNESDAY

H₂O ○ ○

THIS WEEK'S FOCUS

HABIT TRACKING

M T W T F S S

M T W T F S S

NEXT WEEK'S DEADLINES

ACTIVITY

7

8

9

10

11

12

1

2

3

4

5

6

7

8

9

**13** THURSDAY   **14** FRIDAY   **15** SATURDAY   **16** SUNDAY

H₂O   H₂O   H₂O   H₂O

7

8

9

10

11

12

1

2

3

4

5

6

7

8

9

# june

| # | M | T | W | T | F | S | S |
|---|---|---|---|---|---|---|---|
| 22 | 27 | 28 | 29 | 30 | 31 | 1 | 2 |
| 23 | 3 | 4 | 5 | 6 | 7 | 8 | 9 |
| 24 | 10 | 11 | 12 | 13 | 14 | 15 | 16 |
| 25 | 17 | 18 | 19 | 20 | 21 | 22 | 23 |
| 26 | 24 | 25 | 26 | 27 | 28 | 29 | 30 |
| 27 | 1 | 2 | 3 | 4 | 5 | 6 | 7 |

## THIS WEEK'S FOCUS

## HABIT TRACKING

M T W T F S S

M T W T F S S

## NEXT WEEK'S DEADLINES

**17** MONDAY

H2O ◯◯ ◯◯◯ ◯◯◯

**18** TUESDAY

H2O ◯◯ ◯◯◯ ◯◯◯

**19** WEDNESDAY

H2O ◯◯ ◯◯◯ ◯◯◯

7

8

9

10

11

12

1

2

3

4

5

6

7

8

9

PRIORITY

ACTIVITY

**20** THURSDAY    **21** FRIDAY    **22** SATURDAY    **23** SUNDAY

H₂O ○ ○    H₂O ○ ○    H₂O ○ ○    H₂O ○ ○
○ ○ ○    ○ ○ ○    ○ ○ ○    ○ ○ ○
○ ○ ○    ○ ○ ○    ○ ○ ○    ○ ○ ○

7

8

9

10

11

12

1

2

3

4

5

6

7

8

9

W

# june

# | M | T | W | T | F | S | S
---|---|---|---|---|---|---|---
22 | 27 | 28 | 29 | 30 | 31 | 1 | 2
23 | 3 | 4 | 5 | 6 | 7 | 8 | 9
24 | 10 | 11 | 12 | 13 | 14 | 15 | 16
25 | 17 | 18 | 19 | 20 | 21 | 22 | 23
26 | 24 | 25 | 26 | 27 | 28 | 29 | 30
27 | 1 | 2 | 3 | 4 | 5 | 6 | 7

**THIS WEEK'S FOCUS**

**HABIT TRACKING**

M T W T F S S

M T W T F S S

**NEXT WEEK'S DEADLINES**

PRIORITY

ACTIVITY

**24** MONDAY

H2O

**25** TUESDAY

H2O

**26** WEDNESDAY

H2O

7

8

9

10

11

12

1

2

3

4

5

6

7

8

9

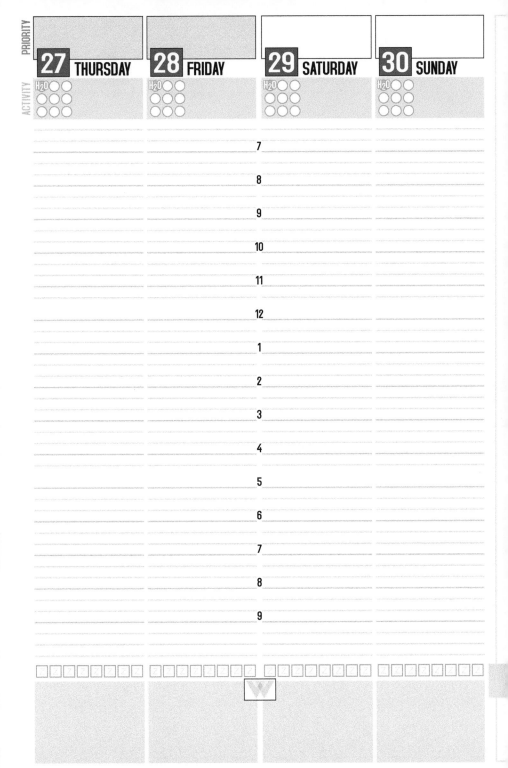

**PRIORITY**

**ACTIVITY**

**27** THURSDAY  H₂O ○○ ○○○ ○○○

**28** FRIDAY  H₂O ○○ ○○○ ○○○

**29** SATURDAY  H₂O ○○ ○○○ ○○○

**30** SUNDAY  H₂O ○○ ○○○ ○○○

7

8

9

10

11

12

1

2

3

4

5

6

7

8

9

# july

| # | M | T | W | T | F | S | S |
|---|---|---|---|---|---|---|---|
| 27 | 1 | 2 | 3 | 4 | 5 | 6 | 7 |
| 28 | 8 | 9 | 10 | 11 | 12 | 13 | 14 |
| 29 | 15 | 16 | 17 | 18 | 19 | 20 | 21 |
| 30 | 22 | 23 | 24 | 25 | 26 | 27 | 28 |
| 31 | 29 | 30 | 31 | 1 | 2 | 3 | 4 |
| 32 | 5 | 6 | 7 | 8 | 9 | 10 | 11 |

## THIS WEEK'S FOCUS

## HABIT TRACKING

M T W T F S S

M T W T F S S

## NEXT WEEK'S DEADLINES

**1** MONDAY

H2O

**2** TUESDAY

H2O

**3** WEDNESDAY

H2O

PRIORITY

ACTIVITY

7

8

9

10

11

12

1

2

3

4

5

6

7

8

9

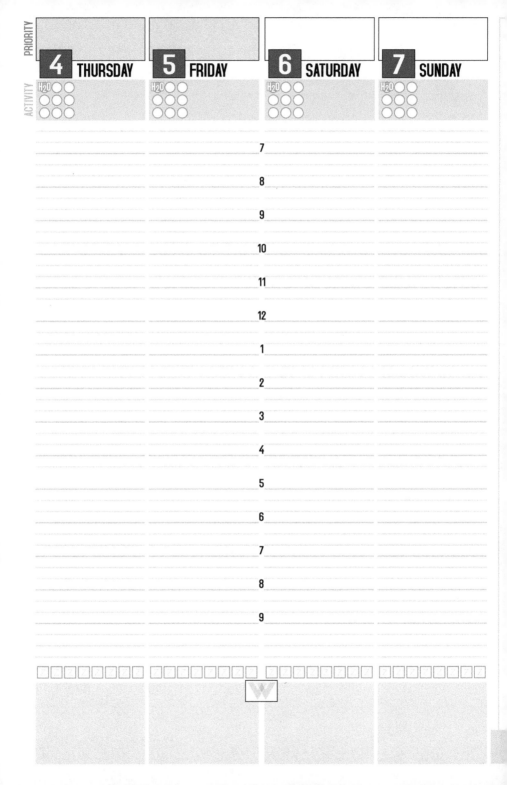

PRIORITY

ACTIVITY

**4** THURSDAY   **5** FRIDAY   **6** SATURDAY   **7** SUNDAY

H₂O   H₂O   H₂O   H₂O

7

8

9

10

11

12

1

2

3

4

5

6

7

8

9

W

# july

| # | M | T | W | T | F | S | S |
|---|---|---|---|---|---|---|---|
| 27 | 1 | 2 | 3 | 4 | 5 | 6 | 7 |
| 28 | 8 | 9 | 10 | 11 | 12 | 13 | 14 |
| 29 | 15 | 16 | 17 | 18 | 19 | 20 | 21 |
| 30 | 22 | 23 | 24 | 25 | 26 | 27 | 28 |
| 31 | 29 | 30 | 31 | 1 | 2 | 3 | 4 |
| 32 | 5 | 6 | 7 | 8 | 9 | 10 | 11 |

## THIS WEEK'S FOCUS

## HABIT TRACKING

M T W T F S S

M T W T F S S

## NEXT WEEK'S DEADLINES

**8** MONDAY

H2O ○○ ○○○ ○○○

**9** TUESDAY

H2O ○○ ○○○ ○○○

**10** WEDNESDAY

H2O ○○ ○○○ ○○○

PRIORITY

ACTIVITY

7

8

9

10

11

12

1

2

3

4

5

6

7

8

9

**11** THURSDAY | **12** FRIDAY | **13** SATURDAY | **14** SUNDAY

H₂0 ○ ○ | H₂0 ○ ○ | H₂0 ○ ○ | H₂0 ○ ○
○ ○ ○ | ○ ○ ○ | ○ ○ ○ | ○ ○ ○
○ ○ ○ | ○ ○ ○ | ○ ○ ○ | ○ ○ ○

7
8
9
10
11
12
1
2
3
4
5
6
7
8
9

# july

| # | M | T | W | T | F | S | S |
|---|---|---|---|---|---|---|---|
| 27 | 1 | 2 | 3 | 4 | 5 | 6 | 7 |
| 28 | 8 | 9 | 10 | 11 | 12 | 13 | 14 |
| 29 | 15 | 16 | 17 | 18 | 19 | 20 | 21 |
| 30 | 22 | 23 | 24 | 25 | 26 | 27 | 28 |
| 31 | 29 | 30 | 31 | 1 | 2 | 3 | 4 |
| 32 | 5 | 6 | 7 | 8 | 9 | 10 | 11 |

## THIS WEEK'S FOCUS

## HABIT TRACKING

## NEXT WEEK'S DEADLINES

**PRIORITY**

**ACTIVITY**

**15 MONDAY**

H₂0 ○ ○

**16 TUESDAY**

H₂0 ○ ○

**17 WEDNESDAY**

H₂0 ○ ○

7

8

9

10

11

12

1

2

3

4

5

6

7

8

9

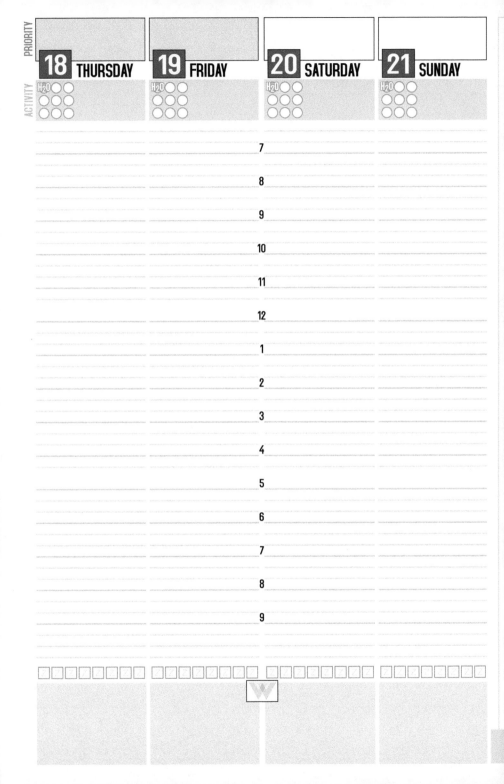

**PRIORITY**

**ACTIVITY**

**18** THURSDAY   **19** FRIDAY   **20** SATURDAY   **21** SUNDAY

H₂O ◯ ◯   H₂O ◯ ◯   H₂O ◯ ◯   H₂O ◯ ◯
◯ ◯ ◯   ◯ ◯ ◯   ◯ ◯ ◯   ◯ ◯ ◯
◯ ◯ ◯   ◯ ◯ ◯   ◯ ◯ ◯   ◯ ◯ ◯

7

8

9

10

11

12

1

2

3

4

5

6

7

8

9

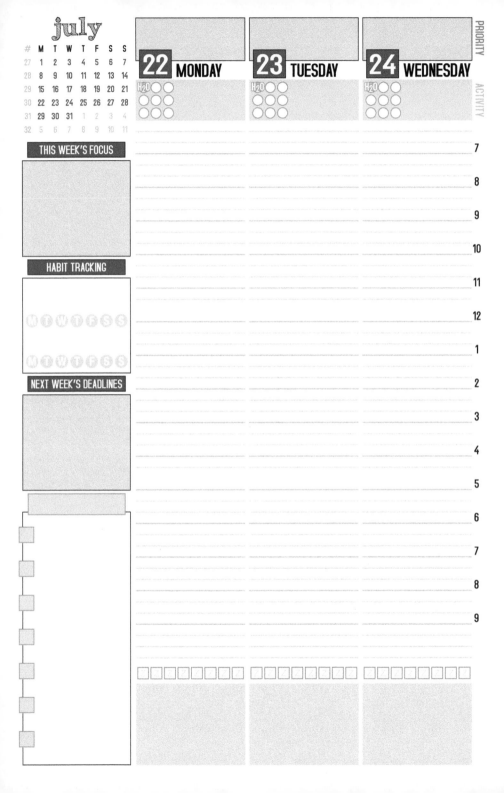

# july

| # | M | T | W | T | F | S | S |
|---|---|---|---|---|---|---|---|
| 27 | 1 | 2 | 3 | 4 | 5 | 6 | 7 |
| 28 | 8 | 9 | 10 | 11 | 12 | 13 | 14 |
| 29 | 15 | 16 | 17 | 18 | 19 | 20 | 21 |
| 30 | 22 | 23 | 24 | 25 | 26 | 27 | 28 |
| 31 | 29 | 30 | 31 | 1 | 2 | 3 | 4 |
| 32 | 5 | 6 | 7 | 8 | 9 | 10 | 11 |

**22 MONDAY**

**23 TUESDAY**

**24 WEDNESDAY**

H₂O

H₂O

H₂O

## THIS WEEK'S FOCUS

## HABIT TRACKING

M T W T F S S

M T W T F S S

## NEXT WEEK'S DEADLINES

7

8

9

10

11

12

1

2

3

4

5

6

7

8

9

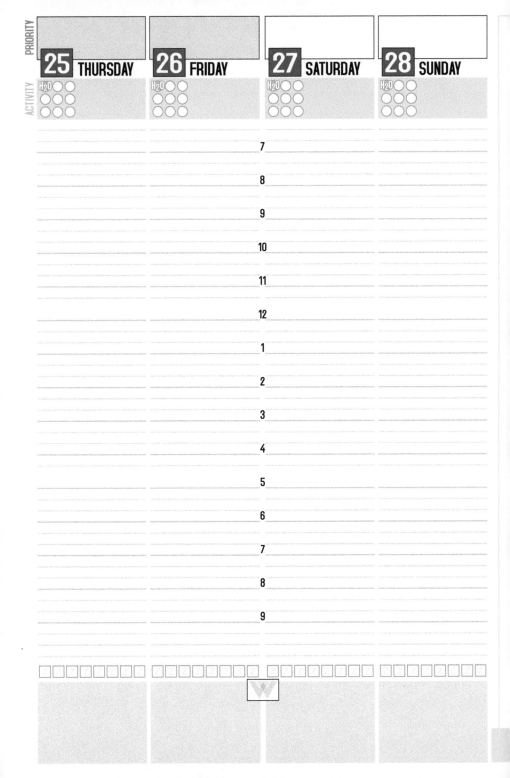

| 25 THURSDAY | 26 FRIDAY | 27 SATURDAY | 28 SUNDAY |

H₂O ○ ○ ○ ○ ○ ○ ○ ○

7

8

9

10

11

12

1

2

3

4

5

6

7

8

9

# jul-aug

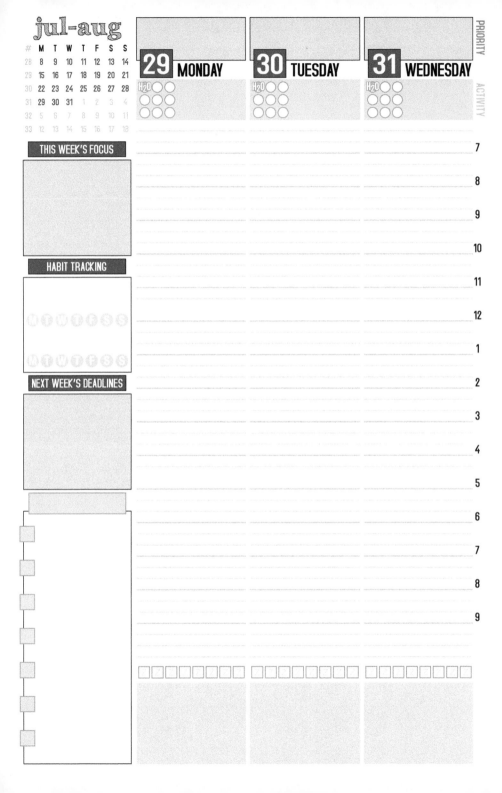

| # | M | T | W | T | F | S | S |
|---|---|---|---|---|---|---|---|
| 28 | 8 | 9 | 10 | 11 | 12 | 13 | 14 |
| 29 | 15 | 16 | 17 | 18 | 19 | 20 | 21 |
| 30 | 22 | 23 | 24 | 25 | 26 | 27 | 28 |
| 31 | 29 | 30 | 31 | 1 | 2 | 3 | 4 |
| 32 | 5 | 6 | 7 | 8 | 9 | 10 | 11 |
| 33 | 12 | 13 | 14 | 15 | 16 | 17 | 18 |

## THIS WEEK'S FOCUS

## HABIT TRACKING

M T W T F S S

M T W T F S S

## NEXT WEEK'S DEADLINES

**PRIORITY**

**ACTIVITY**

**29** MONDAY

H₂O ○ ○
○ ○ ○
○ ○ ○

**30** TUESDAY

H₂O ○ ○
○ ○ ○
○ ○ ○

**31** WEDNESDAY

H₂O ○ ○
○ ○ ○
○ ○ ○

7

8

9

10

11

12

1

2

3

4

5

6

7

8

9

**1** THURSDAY

**2** FRIDAY

**3** SATURDAY

**4** SUNDAY

H₂O ○ ○
○ ○ ○
○ ○ ○

H₂O ○ ○
○ ○ ○
○ ○ ○

H₂O ○ ○
○ ○ ○
○ ○ ○

H₂O ○ ○
○ ○ ○
○ ○ ○

7

8

9

10

11

12

1

2

3

4

5

6

7

8

9

# SUMMER SCHEDULE-AT-A-GLANCE

| MONDAY | TUESDAY | WEDNESDAY | THURSDAY | FRIDAY |
|--------|---------|-----------|----------|--------|
|        |         |           |          |        |
|        |         |           |          |        |
|        |         |           |          |        |
|        |         |           |          |        |

| CLASS | TIME/LOCATION | INSTRUCTOR/EMAIL | OFFICE/HRS | FINAL EXAM |
|-------|---------------|------------------|------------|------------|
|       |               |                  |            |            |
|       |               |                  |            |            |
|       |               |                  |            |            |

# CLASS REGISTRATION PLANNING

| Class # | Class Name | Days | Hours | Location |
|---------|-----------|------|-------|----------|
|         |           |      |       |          |
|         |           |      |       |          |
|         |           |      |       |          |
|         |           |      |       |          |
|         |           |      |       |          |

List book info and return.     **DUE DATE**

**LIBRARY BOOKS**

# PAPER/PROJECT PLANNING
Scribble your thoughts.  Plot your outline.

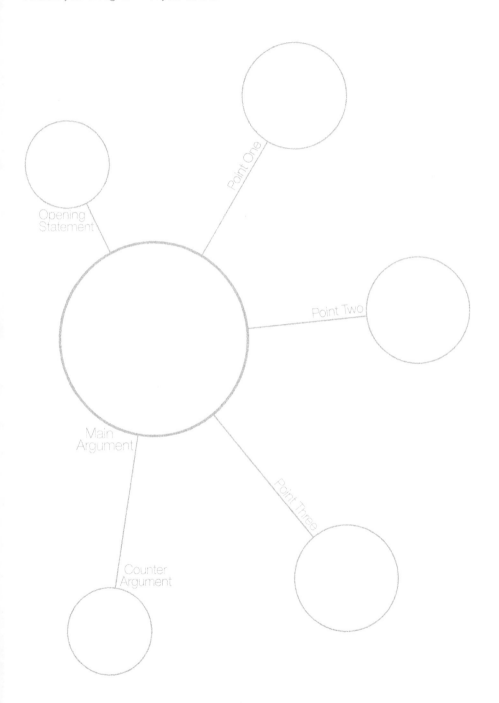

Main Argument

TITLE OF
PROJECT

Opening Statement/Hook

THESIS
STATEMENT

POINT #1                              Support


Apply Argument                        Support


POINT #2                              Support


Apply Argument                        Support


POINT #3                              Support


Apply Argument                        Support


Counter Argument                      Support


Apply Argument                        Restatement/Conclusion

# PAPER/PROJECT PLANNING

Scribble your thoughts. Plot your outline.

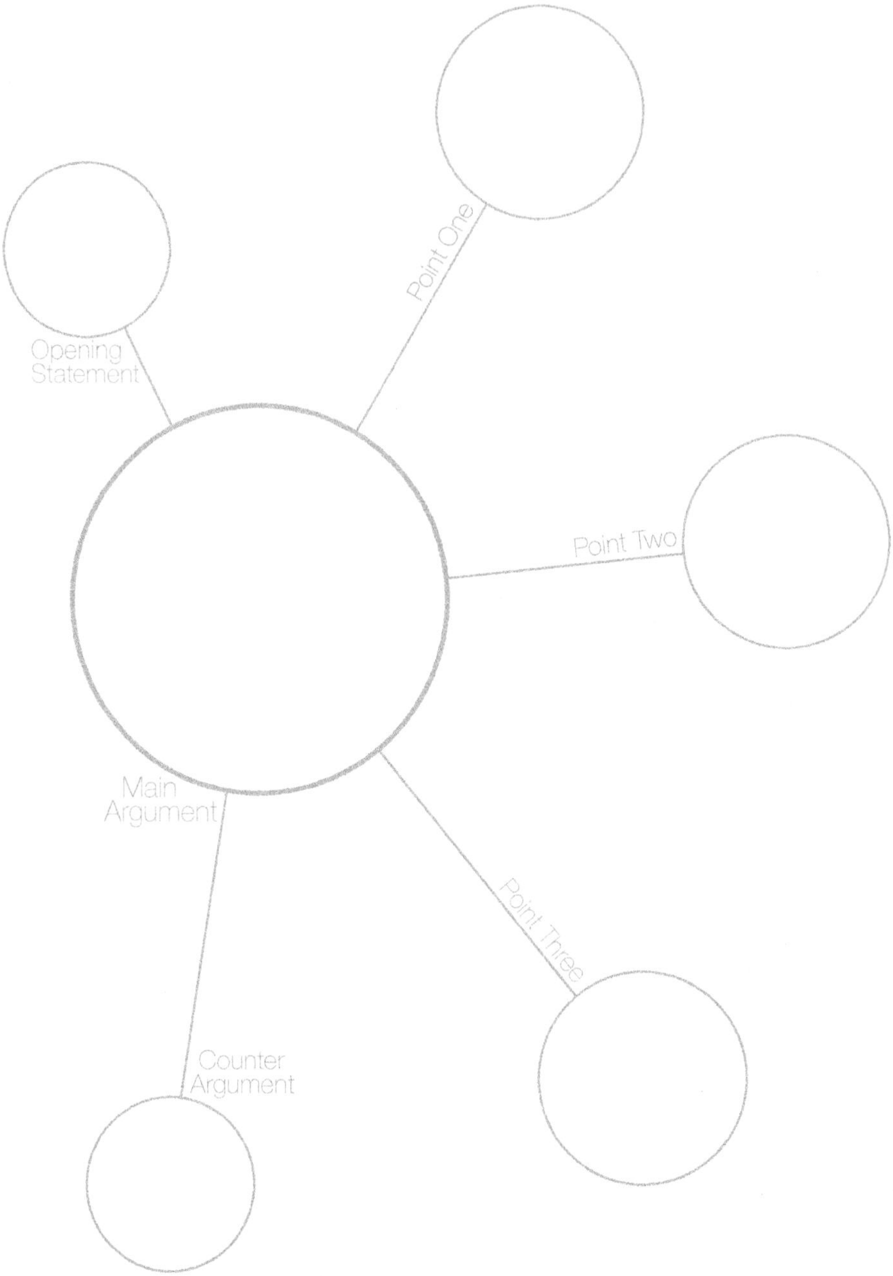

Opening Statement
Point One
Point Two
Main Argument
Point Three
Counter Argument

Main Argument

Opening Statement/Hook

THESIS STATEMENT

POINT #1                           Support


Apply Argument                     Support


POINT #2                           Support


Apply Argument                     Support


POINT #3                           Support


Apply Argument                     Support


Counter Argument                   Support


Apply Argument                     Restatement/Conclusion

# PAPER/PROJECT PLANNING
Scribble your thoughts. Plot your outline.

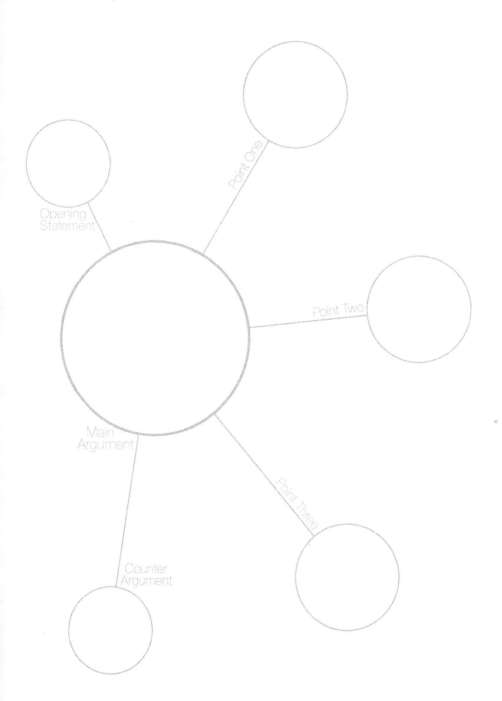

Point One

Opening
Statement

Point Two

Main
Argument

Point Three

Counter
Argument

Main Argument

**TITLE OF PROJECT**

Opening Statement/Hook

THESIS STATEMENT

POINT #1                              Support

Apply Argument                       Support

POINT #2                              Support

Apply Argument                       Support

POINT #3                              Support

Apply Argument                       Support

Counter Argument                     Support

Apply Argument                       Restatement/Conclusion

# PAPER/PROJECT PLANNING
Scribble your thoughts. Plot your outline.

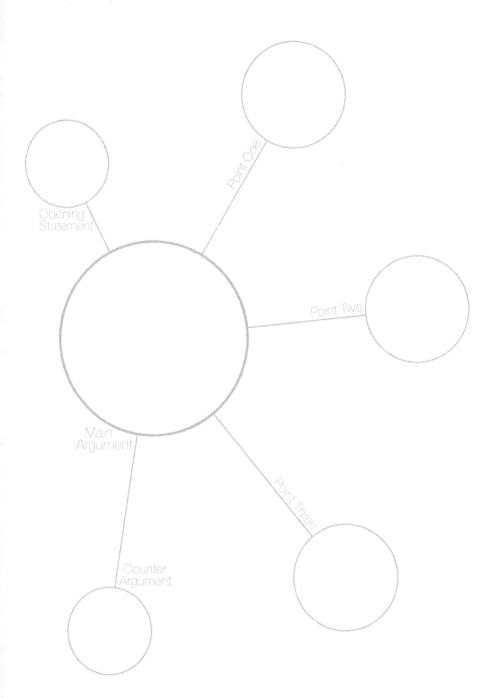

Point One

Opening
Statement

Point Two

Main
Argument

Point Three

Counter
Argument

Main Argument

**TITLE OF PROJECT**

Opening Statement/Hook

**THESIS STATEMENT**

POINT #1                          Support


Apply Argument                    Support


POINT #2                          Support


Apply Argument                    Support


POINT #3                          Support


Apply Argument                    Support


Counter Argument                  Support


Apply Argument                    Restatement/Conclusion

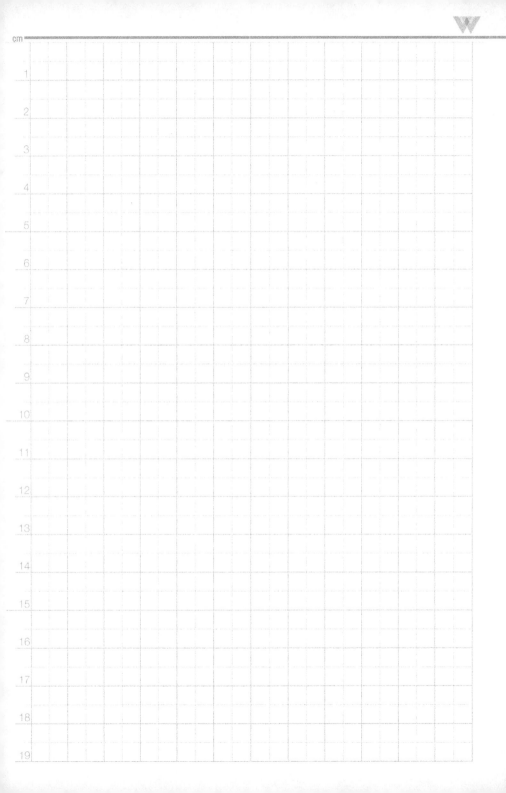

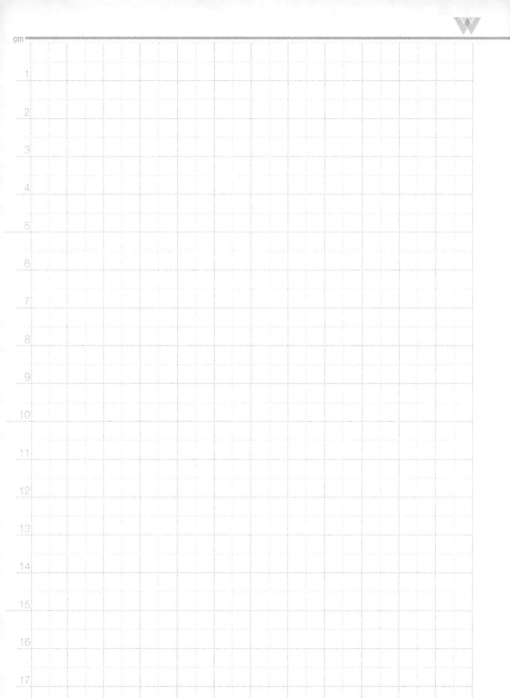

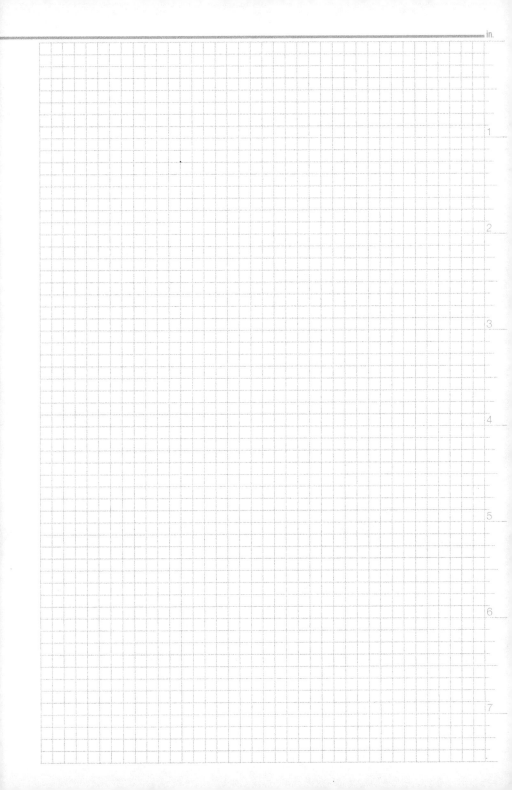